O Poder de Cura dos Chakras

TORI HARTMAN

O Poder de Cura dos Chakras

Use seus Centros de Energia Sutil para o Bem-Estar Emocional, Físico e Espiritual

Tradução
Euclides Luiz Calloni

Editora Pensamento
SÃO PAULO

Título original: *Chakras – Using the Chakras for Emotional, Physical, and Spiritual Well-Being*

1ª edição 2021. / 3ª reimpressão 2024.

As informações contidas neste guia não substituem as orientações do médico ou do terapeuta regular do leitor. Consulte um profissional da medicina para avaliar questões relacionadas à saúde, de modo especial se você já padecer de algum distúrbio, e antes de iniciar, interromper ou alterar a dose de qualquer medicamento que esteja usando. Cada leitor é o responsável único por suas decisões referentes aos cuidados médicos. A autora e o editor não se responsabilizam por eventuais efeitos adversos que possam afetar alguém, direta ou indiretamente, a partir do conteúdo deste livro.

Editor: Adilson Silva Ramachandra
Gerente editorial: Roseli de S. Ferraz
Gerente de produção editorial: Indiara Faria Kayo
Editoração Eletrônica: S2 Books
Revisão: Luciana Soares da Silva

Dados Internacionais de Catalogação na Publicação (CIP)
(Câmara Brasileira do Livro, SP, Brasil)

Hartman, Tori
O poder de cura dos chakras : Use seus Centros de Energia Sutil para o Bem-Estar Emocional, Físico e Espiritual / Tori Hartman ; tradução Euclides Luiz Calloni. -- 1. ed. -- São Paulo : Editora Pensamento Cultrix, 2021.

Título original: Chakras – Using the Chakras for Emotional, Physical, and Spiritual Well-Being
Bibliografia
ISBN 978-65-87236-59-9

1. Autocura 2. Bem-estar mental 3. Chakras 4. Espiritualidade 5. Terapia alternativa I. Calloni, Euclides Luiz. II. Título.

20-50224 CDD-615.85

Índices para catálogo sistemático:
1. Chakras : Terapias alternativas 615.85
Aline Graziele Benitez - Bibliotecária - CRB-1/3129

Direitos de tradução para o Brasil adquiridos com exclusividade pela
EDITORA PENSAMENTO-CULTRIX LTDA., que se reserva a
propriedade literária desta tradução.
Rua Dr. Mário Vicente, 368 – 04270-000 – São Paulo – SP
Fone: (11) 2066-9000
http://www.editorapensamento.com.br
E-mail: atendimento@editorapensamento.com.br
Foi feito o depósito legal.

Para Joel, Gwen, Chris e todos os que em silêncio
abrem a porta para milagres

x
Tori

Sumário

Introdução

Sou fascinada pela energia da cor há muito tempo. Meu trabalho como modelo de "moda petite" nos anos 1980 se concentrava em cores e livros, como *Color Me Beautiful*, que ditavam ao mundo o tom da estação e eram o novo guia para a compra de roupas. A cor em si era tão ruidosa quanto a década, usada como adorno e misturada de formas tão espalhafatosas a ponto de tornar manifestações ousadas ainda mais irreverentes que o próprio período.

Mesmo assim, eu me impressionava com as mensagens coloridas e com o modo como se expressavam. Desde a gravata lisa, em geral de cor vibrante, até o guarda-roupa preto "leve-me a sério" da Cidade de Nova York, a cor ou a falta dela definiram a tendência para a década. Eu não sabia então, mas meu livro de moda, *Fabulous You: Unlock Your Perfect Personal Style*, com um capítulo dedicado ao significado da cor que vestíamos, seria o início do meu fascínio pelas cores e pela cura.

Os astros se alinharam e, quando a situação se acomodou, senti-me orientada a mudar para Los Angeles. Um sonho transformado em realidade. Adeus aos invernos – e mais tempo para escrever, com meus dias de modelo no espelho retrovisor. Desembarquei em Los Angeles com entusiasmo e, pouco depois da chegada, inúmeros anjos começaram a aparecer, contando-me histórias em cores. Fiquei com raiva e imaginei que queriam arrefecer o meu desejo de escrever o romance que nunca escreveria.

Na época, eu não fazia ideia de que essas histórias acabariam esquecidas nas gavetas e só voltariam a fazer parte da minha vida dez anos depois. Mesmo então, não passava pela minha cabeça que elas eram o destino que eu havia pedido.

Os que são os chakras!?

Os chakras só passaram a ocupar a minha mente quando comecei a lecionar. Mais tarde, publiquei as fábulas como um baralho de cartas oraculares, em edição independente. Essas cartas tiveram tanto sucesso, que não consegui mais produzi-las por conta própria. Encontrei o editor perfeito e o novo nome: *Chakra Wisdom Oracle Cards*. Até o momento em que escrevo esta introdução, essas Cartas ultrapassaram a cifra de mais de 100 mil exemplares vendidos.

As minhas pesquisas sobre a energia da cor continuaram e comecei a ensinar a ler as cartas, adotando o sistema dos sete chakras de uma maneira totalmente intuitiva. Embora eu não tivesse treinamento formal nos chakras, percebi que eles eram os filtros pelos quais poderíamos transformar nossas vidas por completo. Quanto mais eu trabalhava com os chakras, mais tomava consciência de um poder tão pouco compreendido, que eu não sabia se poderia traduzi-lo para aqueles que nem mesmo imaginavam possuí-lo dentro de si.

Os chakras contêm tudo o que precisamos para aliviar nossas tribulações pessoais e preservam as aptidões necessárias para lidar sem esforço com os desafios da vida. Quanto mais eu me aprofundava nos chakras, mais descobria um conhecimento moderno das respostas internas que eles continham – desde que os usássemos.

Fui testemunha de progressos incríveis de pessoas que aplicaram os recursos singelos dos chakras que eu havia adotado para mim mesma. Elas simplesmente se transformaram. Aprendi que o nosso propósito é definido por nossos sofrimentos pessoais e pelo que tentamos ignorar, e que nossos chakras internos guardam chaves para liberar a felicidade que todos procuramos.

Os chakras não são o caminho, mas o mapa que todos temos, bastando apenas aprender a usá-lo para encontrar aquela evolução pessoal elusiva e a transformação espiritual que todos almejamos.

A base das crenças é sempre o medo, a base do conhecimento é sempre a fé

Anos atrás, quando cheguei a Hollywood para iniciar minha jornada intuitiva, era frequente me encontrar com atores e pessoas dotadas de grande criatividade. Certo dia, em um encontro com amigos, estando eu junto ao balcão do bar, um ator muito conhecido voltou-se para me olhar de frente.

"Você realmente *acredita* nessas bobagens que faz?"

Eu respondi: "Não. Eu não acredito nisso. Eu *sei* isso".

Quando relembro essa conversa, ocorre-me que me expressei com determinação. Talvez por isso ele nem tenha replicado. Não há como contestar esse nível de conhecimento. Ele não se dirigiu mais a mim, nem uma única palavra.

Esse foi outro momento crucial. As pessoas passam anos tentando mudar crenças, o que é como rearranjar espreguiçadeiras no *Titanic*. Em si e por si mesmas as crenças contêm uma energia de oposição, ao passo que o conhecimento se baseia na fé.

Por exemplo, pessoas que praticam yoga não *acreditam* que se sentem melhor que outras, elas *sabem* que se sentem melhor. Assim, o conhecimento é uma experiência verdadeira, enquanto a crença é uma teoria que pode ou não se aplicar à vida – mas muitas pessoas continuam a carregar esse peso desnecessário.

A iluminação é simples...

... vem sendo o meu lema há muitos anos, por isso a minha tendência é dispensar o jargão técnico. O meu objetivo é dar vida aos seus chakras e torná-los acessíveis a você. Enquanto apresento um pouco de história, lembre-se de que este livro é um ponto de partida para despertar e sentir os seus chakras.

O que são os chakras?

Chakra é uma palavra sânscrita traduzida como "círculo" ou "roda". Os sete centros de chakra presentes em nosso corpo são "vórtices" de energia em constante movimento. No sistema ocidental, os chakras correspondem às cores do arco-íris. O primeiro chakra localiza-se na base da coluna vertebral; os demais se elevam pelo interior do corpo físico até o último, situado logo acima do topo da cabeça e chamado de chakra da coroa ou coronário.

Cada chakra vibra com uma frequência específica e, quando associados a práticas de meditação, operam como instrumentos que nos põem em relação com os reinos angelicais. Cada roda de energia tem associações mente-corpo-espírito específicas.

Quando descobrimos esses meridianos de energia (chakras) e sabemos como operam, entramos mais facilmente em sintonia com a nossa energia vibracional emocional, física e espiritual. O resultado é uma paz interior natural, com uma harmonia genuína que poucas pessoas realmente desfrutam na vida.

Esses centros de energia rodopiante têm um poder espiritual que promove a cura, favorece a superação das dificuldades e ativa a lei da atração.

Segue abaixo uma descrição sucinta dos sete chakras de acordo com o entendimento moderno que temos deles. Cada chakra tem um nome sânscrito e uma cor correspondente.

> **INFORMAÇÃO**
>
> Considerando a energia dos chakras como uma ideia abstrata, podemos trabalhar com a limpeza energética. Entendendo-a como uma jornada interior, porém, significa que temos dentro de nós tudo o que precisamos.

Os chakras

Primeiro Chakra (Vermelho): Muladhara

Localizado na base da coluna, Muladhara é o chakra da raiz. É uma energia de embasamento, fixação, e representa um momento de criação. A cura da raiz é o começo da individualidade pessoal. O chakra está associado à cor vermelha, que inflama a paixão interior. Chave do chakra: Fonte.

Segundo Chakra (Laranja): Svadhishthana

Localizado na região abdominal, este chakra governa a circulação e a motivação. Ele abriga o útero e a energia feminina, o que faz dele o catalisador do movimento da criação. Escolher e perceber a diferença entre emoções maduras e imaturas é tarefa do segundo chakra. A cor laranja vibra nessa frequência. Chave do chakra: Doçura.

Terceiro Chakra (Amarelo): Manipura

Localizado no plexo solar, o terceiro centro de chakra é o nosso instinto. É aqui que um pressentimento, uma sensação visceral se manifesta. Nessa região se originam os palpites, o pensamento intuitivo e o instinto de luta ou fuga. A cura radiante tem o objetivo de concentrar o pensamento na consciência superior. A cor amarela vibra com este centro de chakra. Chave do chakra: Radiância.

Quarto Chakra (Verde): Anahata

Aqui ultrapassamos o físico e entramos no domínio do coração, a parte nossa que nos abre para dar e receber amor. É um lugar de carinho e cuidado. A cura livre, íntegra e vitoriosa implica harmonia e inspira um coração aberto. Verde é a cor que vibra no quarto centro de chakra. Chave do chakra: Abertura.

Quinto Chakra (Azul): Vishuddha

Este chakra vibra na região da garganta. Este centro rege nossa comunicação aberta e honesta com os outros. A cura pela pureza nos permite expressar a nossa verdade. Como ele governa a expressão de todos os tipos, podemos observar que a manifestação criativa está em ação. O azul vibra o quinto chakra. Chave do chakra: Expressão pura ou verdadeira.

Sexto Chakra (Índigo): Ajna

O sexto chakra, também conhecido como terceiro olho, é o guardião da nossa verdade interior. É aqui que vemos o nosso passado e os grandes segredos do conhecimento interior. A medicina da intuição é o conhecimento místico em que veremos ou negaremos o que sabemos ser verdade. Associado ao índigo, o poder deste chakra consiste em ver em profundidade. Chave do chakra: Intuição.

Sétimo Chakra (Violeta ou Neutro): Sahasrara

Este último centro de chakra não está localizado no corpo, mas acima dele. É aqui que a coroa se abre para o divino, possibilitando que a inspiração entre em nós. A cura da coroa é a conexão com o que é infinito e invisível. A cor violeta e sua energia vibracional residem no sétimo chakra. Chave do chakra: Infinito.

Sistema de Chakras Ocidental

Nossos sete chakras ocidentais regem os principais centros de energia do nosso corpo. Quando associados à meditação, à disciplina física e à intenção, os chakras podem gerar experiências transformadoras de vida.

Muitos dirão que os chakras são tão antigos quanto o tempo. De fato, é verdade, mas não existe um único elo que estabeleça um vínculo direto com a história passada. Atualmente, grande parte da linha do tempo histórica dos chakras apresenta conceitos sobrepostos e longas lacunas na tradução histórica. O nosso sistema de chakras ocidental se misturou e combinou com o que se entendeu da sua história e, em seu desenvolvimento, mesclou-se com cromoterapia, intuição, yoga e a prática de manifestar o que se deseja, como na lei da atração.

Comece aqui: conceito um

Não podemos afirmar a existência de um verdadeiro especialista ou de uma concepção única e definitiva dos chakras. Somos limitados em nosso conhecimento, em parte devido à maneira como a nossa cultura nos apresenta os chakras e seus ensinamentos. Antes de aceitar os chakras como um conceito relativamente novo, precisamos saber que muitos estudos foram realizados para atestar a robustez desse conceito por meio de um vínculo antigo. Não obstante, os chakras não podem ser investigados traçando uma linha reta no tempo. Essa história fragmentada não diminui a influência dos chakras em nossa vida hoje. O empirismo moderno é real e produziu resultados milagrosos para as pessoas. É isso em essência que trouxe você até este ponto, momento em que você pegou este livro: o seu desejo de aprender mais sobre você mesmo e o seu mapa interno chamado chakras.

A teoria das cores que fez 6 + 1 = 7

Dos inúmeros sistemas de chakras orientais, o que mais se assemelha ao nosso sistema de chakras atual é o definido pelo conceito de 6 + 1. Ou seja, os seis primeiros chakras estão dentro do corpo físico e o sétimo – o mais um – localiza-se fora do corpo.

Essa é uma derivação do conceito de cores primárias e secundárias aplicado aos seis primeiros chakras. Como o índigo não é uma cor primária nem secundária, ele foi acrescentado mais tarde para combinar com a teoria do arco-íris (nossa teoria ocidental dos chakras), deslocando o violeta para o sétimo chakra.

Assim, observando as cores primárias e secundárias, conforme traduzidas em nosso sistema ocidental, temos o seguinte:

- Primeiro chakra: vermelho
- Segundo chakra: laranja
- Terceiro chakra: amarelo
- Quarto chakra: verde
- Quinto chakra: azul
- Sexto chakra: índigo
- Sétimo chakra: violeta ou luz branca

A energia do índigo é absorvida em nosso sexto sentido ou sexto chakra, contido em nosso centro psíquico ou intuitivo. Isso faz do nosso sétimo chakra – o chakra da coroa, localizado logo acima do corpo – a verdadeira consciência universal, vibrando a cor violeta ou a luz branca com um tom neutro, de onde deriva a ideia de que o espírito é neutro.

Em Síntese

- *Chakra* é uma palavra sânscrita que significa "roda".
- Com exceção do chakra coronário, todos os demais se localizam no interior do corpo.

- Considerados centros de energia, cada chakra vibra em uma frequência diferente e é associado a uma cor específica.
- Não existe nenhum verdadeiro especialista em chakras.
- A evolução do sistema de chakras ocidental ocorreu à parte das relações históricas com o passado.
- Os chakras compõem um mapa interno. Esse é um caminho intuitivo e místico que você está prestes a descobrir.

A Seguir: História

- Prepare-se! Algumas descobertas históricas podem não ser o que você esperava que fossem.
- Muitos livros sobre chakras sofrem de amnésia histórica – quando não têm certeza, apelam à terminologia para criar uma aceitação vaga por parte do leitor.
- Entenda que os chakras como os conhecemos, em sua maioria (se não todos), evoluíram das práticas (ou crenças ou estudos) de intuitivos, sensitivos e monges.
- A contracultura do final dos anos 1960 e início dos anos 1970 foi um componente essencial e vital na criação de uma sólida relação mente-corpo-espírito.
- Lembre-se: VOCÊ tem chakras, e o foco deste livro é VOCÊ!

A coisa mais importante a se saber sobre os chakras é o modo como eles afetam você.

A experiência com os seus chakras é a chave para aprender o que eles são. Depois de os conhecer um pouco mais, estudos mais aprofundados o levarão a uma compreensão ainda maior.

História dos Chakras

Comece aqui: história *versus* história seletiva

Muitos autores que escrevem sobre os chakras se referem ao que acreditam ser um mapa antigo de sete belas cores do arco-íris. Um dos aspectos mais notáveis sobre os sete chakras como os conhecemos no mundo ocidental é a suposição de que vestígios sobre eles podem ser encontrados em tempos remotos da história.

No entanto, muito poucas são as informações, e em geral dispersas, disseminadas sobre os chakras antes do final do século XIX, quando ideias e práticas chegaram ao Ocidente por meio de traduções questionáveis de textos sânscritos; quando concluídas, eram de muito difícil entendimento.

Acredito que isso se deva tanto à linguagem e ao modo como ela é interpretada quanto às diferentes concepções dos chakras. Além disso, lembre-se de que estilos de vida culturais são tão variados quanto os valores. Essa pode ser uma explicação simples da razão por que a descoberta e o uso dos nossos chakras se tornaram tão diferentes.

Um dos livros de leitura mais fácil sobre a história dos chakras é de autoria de Kurt Leland, historiador e pesquisador. Em seu livro *Rainbow Body: A History of the Western Chakra System from Blavatsky to Brennan*, ele mergulha profundamente na história pretérita dispersa e oferece uma percepção perspicaz da evolução moderna dos chakras.

Ele escreve:

> Faço uma distinção entre um sistema de chakras de proveniência "oriental" que surgiu na Índia há cerca de mil anos e um sistema de chakras "ocidental" muito modificado que se desenvolveu a partir do anterior ao longo de um período de aproximadamente um século, começando por volta de 1880 – e que hoje diverge tanto de suas raízes, que poderia muito bem ter prescindido delas.

É importante observar como Leland contrapõe os valores orientais aos ocidentais para compreender melhor a diferença:

> O pensamento oriental dá mais valor aos "estados interiores" do que à "ação externa", enquanto o pensamento ocidental faz o contrário. Com relação ao sistema de chakras, essa distinção significa que a versão oriental consiste em passar por estados de consciência vividos interiormente, o seguinte mais expansivo que o ante-

> rior, até que a "liberdade" definitiva – libertação das limitações do eu – seja alcançada.
> ... Por outro lado, a versão ocidental consiste em desenvolver o potencial humano para a felicidade no mundo externo por meio de ações praticadas em qualquer uma de sete categorias, que variam desde o físico e o emocional até o intelectual e o espiritual.

É fundamental, então, que abandonemos de fato a mítica "história correta dos chakras" e o preconceito ou julgamento pessoal dela. Para ilustrar: li certa vez uma resenha sobre um livro de chakras para iniciantes que perguntava: "Como posso sequer dar ouvidos a isso, quando nada tem a ver com os antigos ensinamentos sobre os chakras?".

Esse comentário revela claramente a arrogância associada a alguém que pensa que existem ensinamentos antigos que estão sendo ignorados.

> ***A verdade é que o arco-íris dos sete chakras como o conhecemos pode ser definitivamente rastreado até seus humildes inícios na década de 1970.***

Evolução Histórica REAL do Sistema Ocidental

No início da década de 1970, Esalen era um centro de retiros relativamente novo, encravado nos penhascos de Big Sur, na costa norte da Califórnia, e abrigava um movimento dedicado ao desenvolvimento do potencial humano.

Foi lá que o livro de Roland Hunt, *The Seven Keys to Color Healing: Diagnosis and Treatment Using Color*,* desfrutou de renovado interesse.

No mesmo período, foi publicado *BodyMind: A Synthesis of Eastern and Western Ways to Self-Awareness, Health, and Personal Growth*, de Ken Dychtwald. A partir de então, em decorrência dessa ideia espiritualista de cura e meditação com as cores, os chakras ficaram para sempre ligados às sete cores do arco-íris.

Ironicamente, foi uma entrevista com Dychtwald na edição do *Yoga Journal* de agosto de 1977 (coincidindo com a publicação do seu livro) que levou essa ideia a um público maior. Grande parte do pensamento atual sobre os chakras se desenvolveu a partir dos primeiros trabalhos dele e de colegas de Esalen que realizaram e legitimaram a fusão entre psicologia e esoterismo, na qual, à época, se inseriam os chakras.

A relação mente-corpo, a meditação e a cura espiritual foram todas adotadas em Esalen, e o sistema de chakras ocidental das sete cores do arco-íris e pontos de cura encontrou um lugar seguro para se expandir e se tornar parte de uma paisagem que envolveria yoga, cura, canto, meditação e teorias orientais, como hinduísmo, budismo e medicina chinesa. Com o tempo, todo esse conjunto levou à produção de centenas de teorias sobre os chakras e suas origens.

* *As Sete Chaves da Cura pela Cor: Diagnóstico e Tratamento*, publicado ela Editora Pensamento, São Paulo, 1984. (fora de catálogo).

Ele Disse, Ela Disse

A terminologia em torno dos chakras tem sua própria história. O *corpo etérico* está associado ao campo de energia humano ou aura. Embora o termo *etérico* esteja bem presente nos primeiros escritos teosóficos de Madame Blavatsky, ele só foi formalizado mais tarde por C. W. Leadbeater e Annie Besant. O uso do termo tornou-se consagrado (e necessário) quando a terminologia hindu foi eliminada do sistema de sete planos e corpos, ou do que aqui chamamos de sete chakras.

O índigo, a cor associada ao sexto chakra, é em geral atribuído ao movimento contemporâneo da "nova era". Na verdade, de acordo com as pesquisas de Kurt Leland, quem usou o termo "nova era" pela primeira vez foi Madame Blavatsky, quando levou alguns desses ensinamentos esotéricos para os Estados Unidos.

Infelizmente, parte desse saber foi rejeitado, pois o sistema de Blavatsky incluía a realização de sessões espíritas para enganar as pessoas por dinheiro. Por isso, suponho que alguns historiadores usem palavras rebuscadas para evitar a nossa moderna reinterpretação da história dos chakras – porque grande parte dela foi desenvolvida pelos adeptos das artes esotéricas. Decorre daí o ceticismo com relação ao uso dos chakras que perpassa os principais veículos de comunicação da atualidade.

Por Que Este Tem Sido um Conhecimento Raro Até Agora?

Não havendo uma pessoa ou divindade que nos tenha deixado o legado dos chakras, podemos ter uma sensação de vazio e pensar que nada disso é real. Talvez seja por isso que ninguém se arriscou a questionar. Os chakras hoje são mais um desenvolvimento moderno e uma ideia evolutiva do que uma tradição histórica.

Suponho que a razão por que muitas pessoas criam confusão em torno da história dos chakras seja o medo de que o nosso trabalho atual não tenha validade se não estiver diretamente vinculado aos ensinamentos antigos. Pense em Esalen como parte do movimento *hippie* da década de 1960 e você entenderá por que nenhuma "autoridade em chakras" ousou admitir que a percepção do sistema de chakras ocidental ocorreu em um centro de retiros experimental como Esalen. No entanto, em que melhor lugar poderia ter ocorrido?

Nosso misticismo moderno em torno dos chakras desenvolveu-se em um lugar que propiciou um ambiente de colaboração para que as pessoas experimentassem e evoluíssem aplicando sua sabedoria intuitiva.

Simplificando a História

Embora se possa ter a impressão de que desvalorizei os ensinamentos antigos, na verdade estou humanizando o processo evolutivo do nosso conhecimento dos chakras. Se essa hipótese for verdadeira, ela legitima o entendimento espiritual simples de que temos tudo dentro de nós para *fazer tudo isso e muito mais.*

Antes de prosseguir, eu gostaria de lhe apresentar um quadro de referência para essas informações.

A Tocha Olímpica

O fogo que sinaliza a abertura das Olimpíadas é aceso por uma tocha levada não por um, mas por muitos corredores no caminho para os jogos. Simbolicamente, ela representa *o elo dos jogos antigos com os modernos.*

A condução da tocha é considerada uma grande honra, pois os que a transportam levam uma mensagem de paz.

A abertura dos jogos olímpicos é representada pelo acendimento da última tocha. Ninguém pode levá-la sozinho ao longo de todo o percurso, havendo sempre um revezamento para mantê-la acesa e garantir que sua jornada seja ininterrupta.

Você consegue se lembrar do nome dos atletas que levaram uma tocha olímpica? Mesmo que não nos lembremos de todos eles, esse esquecimento diminui de alguma maneira a contribuição que deram ou o resultado?

Cada revezamento no desenvolvimento do nosso sistema de chakras moderno tem sido assim. Cada alternância teve o objetivo de trazer os chakras como os conhecemos para mais perto de nós, torná-los mais próximos, mais tangíveis.

No entanto, mesmo o corredor que acende a chama pela última vez é logo esquecido, deixando que você entre no estádio e descubra por si mesmo a força da sua própria tocha.

Os chakras são suas chamas interiores. Eles são pontos poderosos de sabedoria interior, com a energia passando de um para o outro. A evolução relativamente recente do sistema de sete chakras não diminui sua importância em nossa vida; é antes uma árvore jovem com raízes antigas.

Este livro tem o objetivo de legitimar o nosso empirismo moderno, que determina que as coisas só são verdadeiras se pudermos experimentá-las.

Uma breve visão geral da história dos chakras

Para entender a desvinculação da história dos chakras, basta examinar todas as diferentes línguas, culturas, os diferentes valores e crenças espirituais envolvidos. Lugares e pessoas muito diferentes contribuem de incontáveis maneiras para que consideremos os chakras como uma jornada espiritual.

O Sânscrito se Torna um Fascínio Ocidental

A palavra *Kundalini* recebe a tradução de "espiralado, enrolado, enroscado". *Nadis* podem ser traduzidos como "correntes", "vasos", "tubos", "dutos" e "terminações nervosas", que se acredita estarem enroscadas em nosso corpo como rodas. Essa imagem lhe soa familiar?

Segundo um dos ensinamentos antigos, cada folha da flor de lótus (em cada chakra) levava uma inscrição em sânscrito, uma mensagem sagrada.

A prática espiritual consistia em meditar sobre um caractere sânscrito inscrito em cada folha de lótus de um chakra até que um a um desses caracteres se tornasse energeticamente invisível.

Quando cada pétala tinha sua inscrição removida, o buscador ascendia ao chakra seguinte. As pétalas da flor de lótus chegam a 50, o exato número de letras do alfabeto sânscrito. Entretanto, saiba que em outras culturas o número de pétalas pode variar, divergindo assim dessa teoria.

Para uma imagem visual, você pode observar em muitos livros e gráficos que cada chakra é uma mandala contendo uma flor de lótus com diferentes quantidades de pétalas.

O trabalho com os chakras (centros de energia) nos estudos orientais consistia em transcender o corpo humano e ascender a cada chakra até por fim alcançar o nirvana (liberando o corpo celestial) no último chakra.

Essa disciplina se assemelha à dedicação dos monges que passam a vida transcendendo sua humanidade para alcançar a santidade.

Então Alguém Lhe Disse Que Há Mais de Sete Chakras?

Há quem concorde com a escola de pensamento segundo a qual existem treze chakras, e até centenas. Muitos professores de chakra os conhecem, mas poucos se referem a eles, pois estão ocultos a todos, exceto aos que transcenderam os sete e ascenderam às alturas mais elevadas de habilidade e treinamento.

Na medicina oriental, a ideia de muitos chakras deriva da prática curativa da acupuntura, que trabalha com os nadis no corpo; essas terminações nervosas são chamadas de aglomerados nervosos.

O uso da energia dos chakras na medicina chinesa está ligado à preocupação em encontrar o ponto de cura mais eficaz e vai muito além dos sete chakras. É por isso que raramente trabalhamos com esses aglomerados de chakra mais avançados. Em essência, tentar trabalhar com essas energias sem ter treinamento para isso pode criar desequilíbrio em nossa força vital.

O estudo dos elementos de cada cultura leva à importante resposta para a discussão subjacente em torno do número definitivo de chakras, desconhecido por todos, exceto pela pessoa que entra em contato com eles: somente você pode definir sua energia e sabedoria dos chakras.

Quer tenham sido os chineses que desenvolveram o sistema para a medicina, os budistas indianos e os hindus que adotaram a prática religiosa/espiritual (e yoga), ou os ocidentais que desenvolveram ideias próprias para obter resultados mágicos no caminho da iluminação, as sementes dos chakras pertencem a todos nós.

> ***Um dos conceitos mais animadores que emerge dessa consciência é que todo esse ensinamento antigo já está dentro de você. A ideia é começar aqui, com a possibilidade de aprofundar os estudos históricos ou de realizar estudos e práticas pessoais. Talvez as duas coisas.***

Síntese

Lembre-se: a lição mais proveitosa a extrair do estudo dos chakras é a SUA relação com esse estudo. As lacunas na história e a falta de um elo perceptível verdadeiro levaram-me a concluir que esse estudo nos convida a usar nossas faculdades intuitivas – não podemos entender um estudo empírico com uma mente racional; precisamos experimentar.

Você terá a experiência dos sete chakras modernos aqui, tendo à sua disposição uma das plataformas mais sólidas para iniciar o SEU processo de entendimento evolutivo e trabalhar pessoalmente com os chakras.

- Os chakras têm influências sobre grandes culturas e muitas épocas e não podem ser associados a uma origem definitiva.
- A evolução dos chakras é uma colaboração compartilhada.
- O sistema de chakras moderno encontrou sua posição dominante na década de 1970 em Esalen.
- Nosso sistema ocidental não abrange toda a sabedoria antiga; antes, é uma árvore jovem com raízes antigas.
- A descoberta relativamente recente do sistema de chakras ocidental de modo algum reduz sua importância em nossa vida.

O que esperar deste livro

- Este é um ponto de partida, não um guia definitivo. O objetivo é levá-lo a entender os chakras e a entrar em contato com suas energias.
- O caminho para descobrir seu relacionamento com os SEUS chakras é único e pessoal, assim como você.
- Não se deixe intimidar pela falta de conhecimento dos chakras. Pense nisso como uma colagem de si mesmo! O que pode ser mais divertido?
- Este passo inicial o levará a um ponto que lhe dará condições de prosseguir com estudos mais aprofundados, se assim o desejar.
- Este NÃO é um livro de exercícios, mas sim de DIVERSÃO. As atividades nele incluídas combinarão *envolvimento* com *um pouco de explicação*. Se você me permitir, serei sua guia pessoal pelo território dos chakras.
- Trabalhar com a energia dos chakras inspira, motiva e oferece uma maneira totalmente nova de ver o seu mundo.

- O mais importante: você desenvolverá a capacidade de mudar a sua vida E a vida das pessoas ao seu redor.

Introdução aos capítulos dos chakras

CONCEITO INICIAL

Em termos bem simples, este livro trata da nossa adaptação e da nossa aplicação ocidentais dos chakras oriundos do sânscrito oriental.

A ideia original dos ideais orientais, hindus e budistas era evoluir a partir do corpo humano, ascendendo espiritualmente um chakra por vez até chegar ao sétimo chakra da paz universal e da unidade com o divino.

Essa ascensão nos ajuda a entender o nirvana, objetivo supremo das tradições orientais. O valor da sabedoria espiritual superava em muito qualquer outra necessidade, vontade ou desejo pessoal. Estes eram renegados em favor da criação de harmonia interior e de uma consciência plena de Deus.

A nossa sociedade ocidental importou essas ideias como uma forma de alcançar a paz interior.

Infelizmente, os documentos sânscritos traduzidos ficaram aquém da exatidão e nos deixaram apenas fragmentos de verdades dispersas. Ao preenchermos essas verdades, ficou claro que a maior parte da evolução da nossa interpretação ocidental se baseava na intuição e no material canalizado por vários sensitivos e místicos.

Não estou querendo invalidar o trabalho que fazemos hoje, pelo contrário. Estou dizendo: confiemos em nós mesmos, em nossa própria evolução. Trabalhemos com o que sabemos ser verdadeiro e valorizemos a nossa realidade com o instrumento que temos – o nosso corpo físico, provido de chakras.

Lembremos que Madame Blavatsky cunhou a frase "nova era" e de várias maneiras revolucionou o modo como vemos os chakras hoje.

Ao percorrer cada chakra, você terá a oportunidade de conhecer cada um deles e de descobrir como usar esses centros de energia como um mapa de orientação interior.

Joseph Campbell, que se tornou um dos nossos primeiros filósofos por seu trabalho com arquétipos e mitos, também contribuiu para a evolução do nosso sistema de chakras ocidental.

O caminho dos chakras é um caminho de maturidade emocional e disciplina espiritual; esse reconhecimento pessoal de bem-aventurança e o esforço para chegar a ela é a contribuição de Campbell para a jornada do seu herói e de outros arquétipos.

Lembremos que Carl Jung também se sentiu atraído e trabalhou com algumas ideias sânscritas, participando desse revezamento da tocha!

Ao longo destas páginas, você notará que muitas ideias junguianas entremeiam o texto. Essa é uma decorrência do aumento de noções psicológicas relacionadas à cura que ganharam destaque durante o movimento pelo potencial humano na década de 1970.

Por que, então, não adotaríamos práticas com os chakras?

Uma hipótese que levantei é que o sistema simplesmente não é reconhecido por ninguém; não há base concreta para os resultados ocidentais da prática com os chakras. Essa prática decorre de aplicação e de opinião, da intuição e da ideologia.

É raro a nossa sociedade reconhecer as experiências intuitivas e esotéricas do indivíduo. No entanto, talvez seja exatamente isso que o nosso desenvolvimento ocidental pretendeu o tempo todo.

E se . . .

A nossa interpretação dos chakras tivesse sustentação própria? E se a relação com o passado não for direta, com a modificação de algumas ideias antigas para adotá-las hoje? Tudo bem? Ainda teríamos chakras como os conhecemos?

Vou deixar VOCÊ decidir o que é melhor para VOCÊ. Vou dividir com você ferramentas e técnicas que usei para entrar em contato com os meus chakras. É aí que vamos começar: com você.

Não esqueça que estamos começando com o sistema de chakras ocidental e lembre-se: na tradição ocidental, empenhamo-nos mais em manifestar uma existência pacífica do que existir para um fim pacífico.

> ***Assim, o ponto de chegada é menos importante que a jornada.***

Enquanto na tradição oriental evoluir consiste em passar pelos chakras para libertar-se do corpo físico, no Ocidente usamos o corpo físico para ascender à vida que desejamos.

Em cada capítulo dos chakras, você terá a oportunidade de ver, sentir e experimentar o modo como os chakras modernos podem afetá-lo em suas rotinas diárias. Você também encontrará conceitos simples para integrar em sua vida, os quais lhe propiciarão uma experiência viva, respiratória e transformadora dos chakras dentro de você. Pense em seus chakras como um curso de pós-graduação espiritual.

Cada chakra tem uma vibração de sobrevivência (mais baixa) e uma vibração de paz (mais alta), diplomando-o para o chakra seguinte.

Comece aqui com algumas ideias básicas, através das lentes do seu eu interior sábio, e você terá uma compreensão fundamental dos próximos passos.

Nos capítulos a seguir, você encontrará maneiras de aplicar as tradições dos chakras, bem como algumas técnicas modernas para despertar sua consciência espiritual.

Chakras: o que são e o que não são

- **O Que São:** O "trabalho" com os chakras é uma prática espiritual pela qual transcendemos nossas preocupações humanas e encontramos paz e satisfação.
- **O Que Não São:** Palavras e frases em um idioma sânscrito antigo que mudariam sua vida se você conhecesse o seu significado.
- **O Que São:** Rodas de energia dentro de você que envolvem a vibração da sua alma.
- **O Que Não São:** Não acessamos os chakras compreendendo-os. Nós os acessamos compreendendo a nós mesmos.

E agora, os chakras. . .

Primeiro chakra (vermelho): Muladhara

Lótus: 4 pétalas. Acredita-se que as folhas de lótus nos seis primeiros chakras cheguem a 50, uma para cada letra do alfabeto sânscrito. Na prática original, a ideia era ressoar cada letra. Enquanto o praticante meditava, com o desaparecimento da letra, a energia subia para o chakra seguinte. O sétimo chakra representa o infinito com suas mil pétalas, pois a consciência de Deus nunca termina.

Regência: glândulas reprodutivas, hormônios

Órgãos: órgãos da reprodução

Significado: raiz

Conceito Principal: crenças familiares

Tradução Ocidental: fundamento

Cromoterapia Ocidental: coragem

Aspecto Kundalini: *elevação da consciência.* O primeiro chakra é semelhante à serpente adormecida – uma energia vital que repousa na base da coluna vertebral.

Ervas e Especiarias: *cravo-da-índia e pimenta-de-caiena.* Todas as especiarias e ervas associadas ao primeiro chakra serão percebidas! O cravo-da-índia e a pimenta-de-caiena ativam as papilas gustativas e energizam o primeiro chakra. Quando usados em remédios homeopáticos, favorecem a solução de distúrbios relacionados ao primeiro chakra.

Distúrbios Físicos do Primeiro Chakra

Incluem-se aqui impotência, colite, compulsão alimentar, anorexia e problemas de próstata. Em termos emocionais, os distúrbios do primeiro chakra se manifestam como:

- desejo de desaparecer (anorexia)
- crenças familiares que bloqueiam seu conhecimento
- compulsão alimentar (que mascara a falta de base)

Sugestões para Amenizar os Distúrbios Físicos do Primeiro Chakra

Uma das primeiras coisas a entender é que as crenças familiares podem ser a causa da sensação da falta de base. Tentar mudar uma crença e substituí-la por outra é como substituir um medo por outro. Para alterar essa energia, pergunte-se:

- Que crenças (pensamentos baseados no medo) minha família me incutiu na tentativa de me manter seguro?
- O que EU SEI (a sua sabedoria interior mais elevada) que é verdade aqui?

- De que nova energia sustentadora (o primeiro chakra pode representar antigas crenças da família) devo prover minha vida para fazer isso?

Dica: se você se sentir perdido ou confuso, não se preocupe. Termine de ler este capítulo e, em seguida, consulte as páginas **164-67** sobre concentração e sons dos chakras. Você pode voltar a este tópico mais tarde. Respire.

Problemas Pessoais do Primeiro Chakra

Muitos problemas que surgem na região do primeiro chakra com frequência se relacionam com algo oculto, com restrições familiares e com o que não admitimos.

Sugestões para Amenizar os Problemas Pessoais do Primeiro Chakra

A instabilidade pessoal é em geral devida às crenças. Em vez de "mudar", substituir ou eliminar uma crença, é mais apropriado expandir sua base-raiz! Faça a meditação do primeiro chakra (descrita mais adiante neste capítulo), uma vez que, ao saber como mudar espiritualmente, ideias familiares antigas podem ser abandonadas em favor da sabedoria interior.

O que é revelado pode ser curado.

O PRIMEIRO CHAKRA BLOQUEADO

Muitos estudiosos e "gurus" gostam de discorrer sobre bloqueios dos chakras. O que é interpretado como um bloqueio pode na verdade ser indicação de que o chakra está *ocupado tentando curar-se* e enviando-lhe uma mensagem.

O primeiro chakra é conhecido como sede da alma e abriga nossas crenças ocultas que trouxemos para esta vida. Pense nisso como o que era necessário para a sobrevivência e como material herdado dos nossos ancestrais. Porém, se imaginarmos uma cobra enroscada, quase sempre a imagem que representa o primeiro chakra, podemos nos perguntar: Despertaremos essa cobra e descobriremos o que está oculto? Ou ignoraremos o que é uma parte oculta da nossa alma?

Quase todos nós temos apenas uma vaga ideia das crenças que governam a nossa vida.

Se este primeiro chakra contém a energia da procriação, a ideia ocidentalizada dos chakras trará crenças herdadas que são transportadas em nosso DNA. Os chakras modernos formam um mapa que torna a energia acessível para nós de maneiras tangíveis, permitindo-nos ver e entrar em contato com o verdadeiro poder que tivemos desde o início.

CRISTAIS E PEDRAS DO PRIMEIRO CHAKRA

Cristais e pedras são bastante usados para abrir, limpar, equilibrar, ativar e curar o chakra da raiz.

- **Cornalina vermelha:** É uma pedra semipreciosa vermelho-clara usada para atrair força e coragem, criando uma base firme em que se apoiar.

- **Granada:** Essa pedra semipreciosa vermelho-escura é usada em sessões de meditação e tratamento do corpo.
- **Jaspe vermelho:** Essa gema semipreciosa vermelho-terrosa é uma pedra de proteção, que cria uma barreira entre a pessoa e a negatividade.
- **Pedra-de-sangue:** De cor verde-escura com manchas vermelhas, essa pedra semipreciosa é usada como barreira contra influências externas e para promover a autoestima.
- **Quartzo enfumaçado** (fumê): Esse cristal preto é usado para meditação e em rituais relacionados com a lei da atração.
- **Turmalina preta:** Essa pedra semipreciosa preta é eficaz para a consolidação das bases espirituais e o fortalecimento dos seus fundamentos.
- **Obsidiana:** Essa pedra orgânica preta é a abertura do chakra da raiz e da profecia. Ela o ajudará a dissipar velhas crenças.

COR DO CHAKRA: VERMELHO

- **Atributos:** vital, sexual, apaixonado, energizado, potente.
- **Afirmação:** minha motivação emana do centro do meu ser.
- **Impressão:** paixão.

A cor vermelha destaca o que o primeiro chakra representa. Existem dezenas de tons e matizes atribuídos à cor primária do vermelho. Isso significa que nossos olhos se concentrarão e absorverão a energia antes mesmo de lhe atribuirmos um significado. Os *lasers* usados para curar são ondas vermelhas de energia, e nós atribuímos intuitivamente essa cura à energia invisível do vermelho.

Dica: O conhecimento das cores é uma das maneiras simples de entender os chakras, porque vemos cores à nossa volta e nossas simpatias e antipatias pessoais provam isso. Quanto mais você aplica a ciência das cores, mais acessíveis os chakras se tornam.

> ***Pense nisso: é muito mais fácil imaginar a cor vermelha do que visualizar o seu primeiro chakra.***

EVOLUÇÃO DO SIGNIFICADO

Impressões comuns no primeiro chakra: de estar imobilizado, de não ter uma base sólida e de não ter o necessário para realizar o que viemos fazer aqui. Esse chakra com frequência representa o que você vem evitando nesta vida até o momento.

INTERPRETAÇÃO MODERNA

Devemos olhar para a nossa fonte pessoal. Onde tocam nossas raízes? O que precisamos para sustentar o que estamos construindo? A seguir, um exemplo de duas raízes e o destino de cada uma.

HISTÓRIA DA RAIZ

Alguns anos atrás, depois de comprar minha primeira casa em Los Angeles, plantei duas macieiras no quintal. Ambas tinham 1,80m de altura quando plantadas, recebiam a mesma quantidade de sol e estavam bem posicionadas para crescer.

Eu pesquisei o que árvores frutíferas precisavam para crescer e, para minha surpresa, as raízes da macieira precisam algo entre 500 e 1.500 horas de frio. Isso significa que é o clima do inverno que ajuda as maçãs a chegarem a um bom tamanho, pois o solo precisa estar frio para que a raiz seja estimulada a produzir frutos.

Bem, no sul da Califórnia, seria um milagre se chegássemos a ter 200 horas de solo frio. Então, para confundir as raízes das árvores, tentei um experimento. No período entre meados de outubro e meados de janeiro, coloquei um saco de gelo de dez quilos na base de uma das árvores, durante uma semana por vez.

Os resultados foram extraordinários. No primeiro ano, a árvore que recebeu gelo dobrou de tamanho e produziu meia dúzia de maçãs, quando muito. A outra árvore não cresceu e produziu duas maçãs miúdas que finalmente caíram e apodreceram.

Ano após ano, fui colocando cada vez menos gelo, mas a árvore continuou crescendo, chegou a mais de dez metros de altura e produziu várias dúzias de maçãs de bom tamanho. A outra árvore permaneceu igual.

Essa história ilustra como é crucial prestar atenção às nossas raízes.

Na meditação a seguir, convido você a entrar em contato com as suas raízes para demonstrar o poder que você tem em si mesmo para crescer energeticamente o quanto quiser.

MEDITAÇÃO

Convido você a fazer uma meditação com consciência desperta. Ou seja, você pode ler esta meditação, pois mesmo assim ela dará resultado. Observe e perceba que você entra em si mesmo, alcançando o seu ser mais profundo.

Ao respirar, saiba que, pelo simples fato de você *ler* que a intenção é entrar em contato com suas raízes, você já está no estado energético de vínculo com elas.

Respire.

Solte os ombros, deixando-se afundar em seu corpo.

Deixe os olhos acompanhar livremente as palavras da página.

Ao fazer isso, continue e assente os pés firmemente no chão.

Respire.

De novo, solte os ombros ao expirar e elimine do corpo tudo o que não seja necessário neste momento.

Se um pensamento o distrair, observe-o como uma nuvem no céu, deixando-o afastar-se, e então retorne.

Desloque a atenção para a planta dos pés, mantendo-a nessa parte do corpo até sentir um formigamento.

Essas energias são suas raízes energéticas internas que o ligam à pulsação da terra – deixe-as crescer energeticamente.

Mentalmente, veja suas raízes energéticas encontrando seu espaço natural na terra.

Respire.

Solte os ombros.

Apenas observe onde as raízes estão neste momento.

Não faça nada – apenas observe.

Ao respirar lenta e profundamente, tome consciência das suas raízes, um pouco contidas e se debatendo; talvez uma pedra esteja impedindo a passagem de alguma delas ou o solo esteja muito seco e duro.

Respire e continue lendo:

Você pode dar às suas raízes em crescimento tudo o que elas precisam. Há alguma vertente subterrânea? Essa água mineral limpa nutre as raízes. Agora elas estão crescendo além do seu atual quadro de referência.

Como as raízes de uma rosa, que são fortes o bastante para romper o solo argiloso e prosperar, convido-o agora a deixar que suas raízes cresçam energeticamente mais fortes e maiores.

Aprofundando-se... Penetrando mais e mais... Na terra.

Enquanto se expandem para o interior da terra, perceba que essas ramificações energéticas estão chegando...

A um belo e rico solo...

Água de nascente deliciosamente limpa...

Terra úmida e tépida...

E essas raízes ficam agora mais fortes e maiores do que você jamais imaginou.

Onde você cresce, forma-se uma nova base.

Inspire, chegando à sua consciência desperta; deixe que a energia dessas raízes suba diretamente para você; ao chegarem ao seu primeiro chakra na base do corpo, tome consciência da força interna que você acaba de criar.

Quando estiver pronto, prossiga, ciente dessa nova energia – abra o seu diário e reserve alguns minutos para registrar o poder pessoal que você sentiu.

Bem-vindo ao poder, à energia e à força do novo fundamento que você acaba de estabelecer em sua vida. Bem-vindo à primeira parada no seu mapa dos chakras.

EXERCÍCIOS COM O CHAKRA

Tempo para o Diário

Delimite um período de 10 minutos. Sente-se em silêncio e use esse tempo para sentir suas novas bases. Se resolver não escrever, dedique esse tempo para respirar e tranquilizar-se.

Contemplação

O que vou fazer com meu poder pessoal despertado?

O que eu gostaria de começar, criar ou renovar?

CONCEITO DE UM PRIMEIRO CHAKRA VERMELHO

Se as nossas crenças derivam da nossa família de origem, elas são realmente nossas?

Sim e não. Por exemplo, a depressão de um membro da família pode ser um estado próprio dele e, embora você possa ter passado por algum episódio de tristeza, não significa necessariamente que você também está deprimido. E o que dizer se for o estado de outra pessoa?

Quando vivemos uma experiência, ela se torna real e conhecida para nós. Quando tentamos mudar uma crença, renunciamos à nossa capacidade de criar o nosso próprio destino.

Quando você ampliou e se aprofundou na meditação acima, você conheceu de fato sua energia. Você não precisou *acreditar* nela, não é?

CRENÇAS NOS DETÊM NO PRIMEIRO CHAKRA

No primeiro chakra, é importante observar o que lhe dá e o que lhe tira energia. Essa energia representa seu trampolim, os alicerces sobre os quais você constrói sua vida. Se construir sua vida sobre uma energia adversa, você sempre estará em uma posição enfraquecida. Como consequência, os problemas, as doenças e a instabilidade do primeiro chakra o atormentarão.

Ironicamente, às vezes o poder pessoal pode resultar da aceitação de que uma projeção negativa da família talvez faça parte da sua personalidade. Quando você admite que vive segundo uma crença pessoal, ela se torna propriedade sua, e assim você se livra dela.

Quando construímos a nossa base sobre uma limitação que de fato não temos, ela pode ser perturbadora e até devastadora.

É neste chakra que se abriga a energia do tempo perdido e da tristeza em torno dela, sendo o melhor lugar para instalar uma base fraca.

Lembre-se: As crenças sempre se baseiam no medo, ao passo que o saber se baseia na fé.

APLICAÇÃO DO PRIMEIRO CHAKRA: SEU MAPA TEM AS RESPOSTAS

Seu chakra da raiz é o seu mapa interno e o plano da sua energia básica. Esse mapa do tesouro contém todos os elementos necessários para dar sustentação ao que você resolver criar.

LIÇÃO DO PRIMEIRO CHAKRA: O PROBLEMA É COMO NOS RELACIONAMOS COM O PROBLEMA

Os pais de uma jovem disseram-lhe que ela havia sido recusada pela faculdade de medicina. Quinze anos depois, ela descobriu que eles haviam mentido e que fora de fato aceita. Ao mentir, o objetivo dos pais era "protegê-la". Por quê? Pelo fato de que, devido às exigências desse curso, ambos haviam sido forçados a abandoná-lo.

Depois de explodir emocionalmente (segundo chakra), ela voltou a examinar o primeiro chakra e percebeu que as crenças da família não eram dela. Haviam sido projetadas nela. Ao identificar essa situação, ela conseguiu livrar-se dessas crenças. Aos 37 anos, resolveu desistir da carreira que seguira até então e ingressou no curso de medicina.

Esse é um exemplo significativo da capacidade que todos temos de deixar de viver à mercê de crenças limitantes que herdamos.

EXERCÍCIO COM O CHAKRA

Escreva Sobre o Tema

Comunique-se com Seu Primeiro Chakra a Qualquer Momento / 30 minutos

Usando as palavras e frases principais abaixo, escreva a sua história, desde onde você estava com as crenças familiares até onde está agora e até onde se vê no futuro.

Seja criativo! Escreva sua carta para o seu eu superior e veja quantas ideias antigas você pode transformar em ideias fortalecedoras!

Ah, e DIVIRTA-SE !!!!

Essa é a sua história pessoal reescrita do primeiro chakra!

PRINCIPAIS PALAVRAS E FRASES RELACIONADAS AO PRIMEIRO CHAKRA

- **Palavras:** fundação, fundamento, base, plataforma, origens, crenças, DNA, segredos, família, instável, sem foco, culpa, ansiedade, ressentimento, repressão, depressão, preso, crescimento, anemia
- **Frases:** mudando a história do nosso passado, expectativas da família em relação a você, em que baseamos nossas opiniões, nenhum filho meu/nenhuma filha minha jamais faria isso, não ter uma perna em que se apoiar, com os pés firmemente plantados no chão, ter o direito de estar aqui, valor derivativo baseado em sua procedência, medo da independência pessoal, segredos de família, ser contido

MANIFESTAÇÃO DA INTENÇÃO

O vermelho estimula a realização de atos de criação. É onde começamos, onde nos propagamos. Aqui começa uma limpeza de tudo o que se interpõe no caminho do desejo do nosso coração. É aqui que você inicia seu caminho e onde sua base de operações toma forma. O início!

Agora, se você pudesse criar QUALQUER coisa, o que seria? (Preencha as lacunas.)

1. Meu desejo oculto mais profundo é ______________________________

____.

2. Se a minha fonte de energia é ________________________________
__________, então o resultado é ____________________________
______________________________________.

3. De que apoio preciso? ____
______________________________.

Recorra à meditação da raiz, se necessário. Você precisa ir mais a fundo? Havia mais a desvendar? De que fonte você gostaria que suas raízes bebessem ou se abastecessem?

Até que ponto você está preparado para desembaraçar-se de antigas crenças que não lhe servem mais?

QUANDO O PRIMEIRO CHAKRA ESTIVER PERTURBADO, OBSERVE O ANTERIOR

Para tudo o que se manifesta em forma física no primeiro chakra, as sementes da ideia são extraídas da consciência universal no sétimo chakra.

Se houver um distúrbio de energia no primeiro chakra, significa que a raiz do problema será encontrada no chakra anterior da roda.

Por exemplo, no sétimo chakra, dirigimos a atenção a conceitos ou ideias universais. Se a minha ideia universal no sétimo chakra é que a contribuição que quero dar é escrever um livro para curar o planeta, e não sou específica o bastante no fundamento que criei no meu primeiro chakra, talvez descubra que não tenho uma base sólida o suficiente na *ideia* de fazer com que isso aconteça de fato.

Lembrete do Primeiro Chakra

Pense no sétimo chakra como o lugar onde obtemos sementes. Elas precisam ser plantadas no primeiro chakra para criar raízes. Um verdadeiro fundamento é exatamente isso, e é o que acontece quando uma ideia ou pessoa repousa sobre uma base sólida. Só então as coisas podem prosperar.

PRINCIPAIS IDEIAS SOBRE O PRIMEIRO CHAKRA

- Nosso fundamento se baseia em crenças que carregamos conosco, muitas vezes herdadas da nossa família de origem.
- Aceitamos que precisamos desvendar nossa própria verdade.
- Nunca podemos nos livrar do que é necessário para a nossa jornada.
- O modo como nos relacionamos com o problema É o problema.
- Aceitamos que uma insegurança ou um medo pode ser de um membro da família, não sendo necessariamente nosso.
- Autorrealização não significa deixar as pessoas para trás; significa não assumir crenças que pertencem a elas.
- O primeiro chakra nos revela que, ao expandir e aprofundar as nossas raízes, podemos criar as bases para a nossa vida.

- Questione se as suas crenças estão de fato servindo-lhe de suporte.

PRÓXIMO PASSO

No próximo capítulo, examinaremos o segundo chakra e veremos como a nossa vida emocional está diretamente ligada ao sentido que demos às nossas experiências de vida no primeiro chakra. Sua maturidade ou imaturidade emocional irá ditar as escolhas que você fará e o caminho que seguirá.

Segundo chakra (laranja): Svadhishthana

Lótus: 6 pétalas
Regência: sacro, glândulas adrenais, sistema imunológico e metabolismo, problemas de fertilidade
Órgãos: glândulas adrenais
Significado: doçura
Conceito Principal: prazer
Tradução Ocidental: sentimentos
Cromoterapia Ocidental: problemas emocionais
Aspecto Kundalini: A serpente desperta oferece a oportunidade para que nossos maiores temores emocionais, ou emoções que tentamos evitar, venham à tona. A prática do yogue com o segundo chakra tinha por objetivo transcender o sofrimento emocional – orientando e direcionando sua energia sexual. É aqui que a ideia da kundalini entra em jogo, tornando essas energias poderosas utilizáveis em nossa vida cotidiana.

Ervas e Especiarias: *açafrão* (*cúrcuma*). O açafrão é um agente anti-inflamatório.

Distúrbios Físicos do Segundo Chakra

Citam-se aqui cálculos biliares, infecções renais, inflamação da próstata, infecções da bexiga e problemas de fertilidade. Os distúrbios do segundo chakra são agudos, pois as emoções são ativadas aqui. De modo geral, eles procedem dos seguintes fatores:

- medos relacionados ao dinheiro
- sentimentos de desvalorização
- emoções reprimidas (escondendo nossos verdadeiros sentimentos)

Sugestões para Amenizar os Distúrbios Físicos do Segundo Chakra

Como as nossas emoções são filtradas pelo segundo chakra, é preciso revelá-las para que sejam curadas. Imagine dirigir um carro com um pé no acelerador e outro no freio. É assim que o seu corpo sente emoções conflitantes.

Procure aplicar os recursos de centramento e som das páginas **164-67** para se concentrar. Depois de encontrar o seu centro, escreva uma carta de amor para as emoções sobrecarregadas acima.

Por exemplo:

Queridos medos relacionados ao dinheiro,

Eis por que eu amo vocês...

Escreva até se sentir satisfeito. Não force uma solução. Tente não consertar. Apenas escreva a verdade como você a vê. Fique com os seus sentimentos.

Dica: Você pode adotar essa técnica para QUALQUER problema físico; apenas lembre-se de que ela é dirigida pelo seu segundo chakra e de que essa é uma jornada emocional, não cerebral.

Aspectos a Observar Para Detectar Estados Emocionais Perigosos

- emoções extremas – as que o levam a imaginar ou planejar ações perniciosas
- indiferença – simplesmente querer lidar com sintomas externos mas fechar-se
- qualquer angústia emocional que você não consegue processar e que por isso persistirá

Observação: Lembre-se de que estados emocionais extremos podem ser perigosos. Incentivo-o a procurar ajuda profissional. Embora seja difícil saber se essa é a sua situação, caso esses estados emocionais o afetem, há muito a ganhar conversando com um profissional e dando-se o presente do apoio.

Problemas Pessoais do Segundo Chakra

O maior problema no segundo chakra é o significado que atribuímos a uma experiência em um dado momento. O distúrbio emocional ocorre quando não conseguimos ver ou entender como superar os bloqueios ou problemas. Isso cria uma sensação de impotência e nos leva a reagir com emoções imaturas.

Sugestões para Amenizar os Problemas Pessoais do Segundo Chakra

Você tem a capacidade interna de se fortalecer com energia emocional madura em qualquer circunstância. À medida que prosseguir neste capítulo, você receberá instrumentos que o encaminham para um pensar lúcido.

> ***Nunca escolhemos conscientemente um transtorno emocional; ele provém dos dois maiores medos: o de perder o que temos e o de não conseguir o que queremos.***

CRISTAIS E PEDRAS DO SEGUNDO CHAKRA

Os cristais que abrem, ativam e acalmam o segundo chakra são os seguintes:

- **Calcita laranja:** Uma pedra com propriedades físicas e emocionais restauradoras; está associada à cura a distância.
- **Pedra da lua:** Essa pedra trata sentimentos feridos; ela desperta compaixão emocional e alivia angústias.
- **Citrino:** Pedra do autoaperfeiçoamento, favorece a clareza emocional e o pensamento lúcido.
- **Cornalina laranja:** Essa pedra emocionalmente estabilizadora estimula movimentos fluidos no corpo, facilitando a dança e a criatividade.
- **Aventurina laranja:** Pedra da força vital e do poder emocional; traz confiança.

- **Âmbar:** Essa pedra preciosa é resina de árvores fossilizadas. Usada para quem sofre de depressão, é uma pedra maravilhosa a se ter por perto ao lidar com sentimentos perturbadores. Ela atrai amor e alegria para a sua vida.

COR DO CHAKRA: LARANJA

A cor laranja e sua natureza emocional são atribuídas ao segundo chakra.

- **Atributos:** ativo, motivador, otimista, corajoso, sociável, entusiasta, afetuoso, humanitário.
- **Afirmação:** posso usar meus sentimentos para me concentrar nos meus desejos mais profundos.
- **Impressão:** emoção.

> ***É muito mais fácil perceber a cor laranja do que imaginar o seu segundo chakra.***

EVOLUÇÃO DO SIGNIFICADO

Antigamente, a prática com os chakras era uma disciplina; consolo e sentimentos pessoais muito provavelmente importavam pouco para os praticantes orientais originais.

A tradição ocidental busca emoções positivas e enfatiza o valor de se sentir bem. A preocupação em se sentir bem é uma ideia peculiar do Ocidente.

INTERPRETAÇÃO MODERNA

Na interpretação mais moderna do segundo chakra, a lei da atração equipara a emoção à manifestação.

Quando alguém nos atrai a uma vibração emocional mais baixa, essa atração está diretamente relacionada a um sentimento imaturo. Quando tentamos "superar" ou "vencer" alguma coisa, essa vibração nos mantém no padrão do amortecimento dos sentimentos como forma de nos afastar de sentimentos não resolvidos.

Por isso, no segundo chakra, aprendemos que nunca superamos nada realmente, mas o integramos no mapa da nossa vida.

Vejamos o contraste entre emoções imaturas, que simplesmente não evoluíram, e emoções maduras, que são a verdadeira liberdade.

HISTÓRIA DO SACRO

Em uma aula sobre cura multigeracional, uma aluna de nome Molly afirmou que jamais perdoaria seus pais.

Brincando, eu disse que a aula de perdão era em outra sala; ela não precisava perdoar: o assunto dessa aula não era esse. A tarefa da turma consistia em descobrir o máximo possível sobre os avós.

Ela insistiu em dizer a todos por que não perdoaria os pais. Revelou que ela e o irmão foram criados em um culto. Os pais os mantiveram prisioneiros durante os primeiros dezoito anos da vida dela. Ela não conhecera os avós, então de fato não sabia nada a respeito deles e não se interessava por eles.

Eu a incentivei a fazer de conta que os conhecia; afinal, ela se inscreveu em um curso que exigia esse exercício. Ela concordou.

Duas semanas depois, ela chegou bastante abalada, com o rosto inchado de tanto chorar, e contou para todos o que acabara de descobrir:

Um dos avós havia gastado toda a sua fortuna no tribunal, lutando para conseguir a custódia dela e do irmão. Ele perdeu apelo após apelo até ficar sem nada. Até então, ela havia chegado à maioridade e se tornara independente.

Ela não conheceu esse avô, mas descobriu que ele morreu no dia em que ela se inscreveu para o curso.

Perguntei-lhe como ela se sentia em relação aos pais agora.

Com olhos pensativos, ela disse que não importava mais. A inquietação emocional que se instalara havia desaparecido. Ela não sentia mais toda aquela raiva ou o ressentimento que carregara durante toda a infância.

Alguém, em algum lugar, a amara profundamente. Um homem que ela não conheceu gastara tudo o que tinha na tentativa de salvá-la. O amor que ele lhe dedicara deu vazão a todos os sentimentos dolorosos e os dissipou nessa consciência. Ela sentiu o amor pela primeira vez em sua vida.

Este é o potencial do nosso segundo chakra: evolução emocional que nos leva à maturidade.

EXERCÍCIO COM O CHAKRA

Meditação com o Diário / 17 Minutos

"Os fracos não conseguem perdoar.
O perdão é atributo dos fortes."
– Mahatma Gandhi

Como cada chakra tem sua própria essência, você perceberá que cada atividade, exercício, meditação e até visualização em cada capítulo assumirá as qualidades desse chakra.

Podemos agora imaginar como os yogues se sentiam ao passar horas e horas em disciplina meditativa: dirigindo-se para a consciência de Deus à medida que evoluíam do chakra laranja, entregando sua vida emocional ao criador.

No segundo chakra, para sentir a intensidade de ser profundamente amado, o primeiro passo é uma prática meditativa de perdão a si mesmo. É importante observar que nunca perdoamos realmente os outros; antes, perdoamos a nós mesmos por tê-los julgado.

Convido-o a respirar profundamente. Enquanto lê o que segue, faça uma meditação consciente, com uma caneta e uma folha de papel à mão. Se você mantém um diário, pegue-o e inicie em uma página nova.

No alto da folha ou página nova, desenhe um símbolo ou sinal. Esse é o seu cabeçalho, e a próxima parada é o segundo chakra no seu mapa interno.

Convido-o a escrever de forma emocionalmente livre. Veja como isso ocorre:

Respire e entre no seu corpo emocional. Sinta realmente e tome consciência dos sentimentos que está tendo no momento. Respire e solte os ombros, deixando que essa consciência se dissipe. No lugar dela, imagine-se sendo transportado para um lugar mágico em que escreverá uma carta do seu eu ainda nascituro para a pessoa que você é agora.

A sua versão nascitura no céu está bem consciente da sua vida emocional. Eu gostaria que você imaginasse que agora é um ser que ainda não nasceu – olhe apenas para a folha de papel à sua frente e a caneta na mão. Eles são tudo o que importa nesta existência. A única coisa que você precisa fazer com relação ao seu eu futuro em forma humana é descrever para ele os sentimentos complexos que ele terá na vida.

Você vai escrever uma carta, começando com Prezado ______________,

Deve ser uma carta que o "você" nascituro escreve para o "você" existente neste momento. Use o pronome "você", não "eu", pois você está escrevendo para o "você" futuro uma carta em que descreve sua natureza emocional em forma humana.

Quando estiver pronto, ajuste o cronômetro para 17 minutos. Mentalize a luz branca do céu entrando em você; mantenha-se em silêncio nos momentos de interrupção. Lembre-se que você tem muito a dizer.

Escreva da maneira que desejar, bem ao seu gosto e estilo.

O mais importante é escrever até terminar ou então completar os 17 minutos.

Ao concluir sua meditação escrita, guarde-a por 24 horas. Esse período lhe possibilitará ler o que escreveu com uma distância apropriada.

Dar-se espaço para lamentar a perda do que não lhe foi dado, como também o tempo perdido com raiva e expectativas, é um aspecto importante do perdão a si mesmo.

"O privilégio de uma vida é ser quem você é."
– Joseph Campbell

APLICAÇÃO DO SEGUNDO CHAKRA: SEU MAPA, SEU CAMINHO

A próxima parada no seu mapa irá lhe mostrar o caminho que você seguirá.

Pronto?

Que sentimento você MAIS quer evitar?

Esse sentimento está ditando suas escolhas de vida neste momento.

UMA SEGUNDA DICA DO CHAKRA

Na maioria dos casos, os sentimentos que as pessoas evitam são os que influenciam as decisões que tomam em suas vidas.

QUANDO O SEGUNDO CHAKRA ESTIVER PERTURBADO, OBSERVE O ANTERIOR

Relembre a meditação do primeiro chakra. Você se lembra de como suas raízes cresceram?

Onde você precisa desenvolver suas raízes para formar uma base emocional sólida? A recusa em assumir a responsabilidade por nossas emoções (talvez por não querer perdoar um pai abusivo ou uma mãe abusiva) em geral é um padrão resultante de um pai/uma mãe que vivia em um espaço imaturo.

Isso não significa que você tenha de ficar nesse espaço.

As Respostas Já Estão Dentro de Nós

Se você deseja elevar sua vibração emocional ao nível mais alto do segundo chakra, é necessário separar sua vida emocional dos sistemas de crenças da sua família de origem; *ou do sentido que demos às experiências da nossa família de origem.*

Quando vivemos a nossa vida em modo reativo, somos dirigidos pela vibração mais baixa, o que torna muito difícil manifestar de fato algum sinal de felicidade.

Isso significa que, no que diz respeito à lei da atração, um segundo chakra imaturo ditará um resultado que pode levá-lo a uma decepção emocional repetitiva.

UMA SEGUNDA PERCEPÇÃO DO CHAKRA

Somos controlados por nossos sentimentos ou aproveitamos sua energia para nos orientar?

VISUALIZAÇÃO - ENTRE EM CONTATO COM O SEGUNDO CHAKRA A QUALQUER MOMENTO

As emoções variam desde nenhuma sensação até sentimentos tão intensos que podem nos levar a extremos. Esta visualização tem o objetivo de prover-lhe um recurso que lhe possibilite ver onde você está a qualquer momento e obter uma perspectiva emocional – em qualquer situação da sua vida.

Uma das maneiras mais fáceis de fazer isso é por meio da nossa reação intuitiva à cor.

Reserve um momento para visualizar um arco-íris de tons alaranjados.

Comece com um alaranjado suave e vá intensificando gradualmente essa cor até chegar ao tom laranja mais forte que você conseguir imaginar.

Por um breve momento, volte energeticamente e observe esse leque de cores à sua frente.

Observe como as cores mais claras despertam menos emoção que as mais escuras.

Em seguida, imagine seu segundo chakra, cinco centímetros abaixo do umbigo. Você consegue observar o seu sentimento?

Contemple o arco-íris laranja à sua frente. Onde você se situa nesse espectro de cores?

Que cor combina com você?

Interrompa a leitura e, apenas em pensamento, harmonize seu sentimento interior com a intensidade visualizada do tom colorido.

Quanto mais clara a tonalidade, menos intensa é a emoção no momento. Ao passar pela seção intermediária e chegar aos tons mais fortes, pode ser proveitoso usar a técnica da meditação com o diário que você aprendeu acima.

Se você está iniciando algo novo em sua vida, visualize uma cor mais clara, pois ainda não descobriu como se sente.

Ao começar aqui a visualização de todos os tons laranja, você passará a sentir a energia vibracional do segundo chakra.

IDENTIFIQUE E NOMEIE O SEU SENTIMENTO

Perspectiva do Antônimo

Quando nos sentimos paralisados, às vezes pode ser difícil identificar o sentimento que temos no momento. Na sequência, você encontra uma amostra das principais palavras e frases relacionadas ao segundo chakra. Procure a palavra que melhor descreve seu sentimento atual. Se ela não corresponder, ou você se sentir confuso, procure o antônimo.

DICA DO CHAKRA: O QUE SE OPÕE SE EXPÕE

Se o que se opõe se expõe, então você pode ver o que está realmente acontecendo no conteúdo da palavra que você escolhe para o seu estado emocional atual. Por exemplo, a palavra coragem pode esclarecer o sentimento oposto do medo.

Principais Palavras e Frases Relacionadas ao Segundo Chakra

- **Palavras:** emoção, maduro, imaturo, entretenimento, não convencional, extrovertido, diversão, energia, atividade, gosto e aroma, sentimento, prazer, sensualidade, intimidade, bem-estar, felicidade, riqueza
- **Frases:** o que vou criar, conter sentimentos, questionar o sentido que atribuiu às suas emoções, intimidade é VER-DENTRO-DE-MIM (*intimacy is IN-TO-ME-SEE*), não é algo que obtemos dos outros, é quem somos

MANIFESTAÇÃO DA INTENÇÃO

Aqui a situação se torna complexa. Você iniciou a busca dos seus sentimentos para que eles o guiem e o fortaleçam em sua manifestação pessoal. Ação e movimento preponderam. Em breve, você percorrerá o caminho de que anteriormente apenas falou.

PRINCIPAIS IDEIAS SOBRE O SEGUNDO CHAKRA

- Começamos perguntando a nós mesmos: Como me sinto?
- Aprendemos que a alegria é um risco e uma escolha.
- A lei da atração só realiza os nossos desejos se eles procedem da maturidade emocional. A imaturidade emocional nos impede de realizar nossos sonhos.
- A encruzilhada emocional no caminho é a escolha: deter-se ou crescer.
- Quando nos desapegamos do caminho, sabemos que o desvio pode ser a aventura.
- Nossos sentimentos confusos não definem quem somos; eles revelam as partes de nós que precisam de amor.
- Emoções maduras podem significar avanço, reconhecendo que todos os finais nos preparam para uma nova exploração.

PRÓXIMO PASSO

No próximo capítulo, examinaremos o terceiro chakra e veremos como nosso pensamento e nosso planejamento estão diretamente ligados ao significado que atribuímos aos nossos sentimentos no segundo chakra. Fazendo escolhas com base em sentimentos, escolhemos de modo maduro e sustentador ou de maneira imatura e punitiva? Que caminho você seguirá?

Terceiro chakra (amarelo): Manipura

Lótus: 10 pétalas

Regência: baço, intestino delgado, metabolismo

Órgãos: pâncreas, fígado

Significado: intelecto

Conceito Principal: instinto

Tradução Ocidental: concentração

Cromoterapia Ocidental: escolhas

Aspecto Kundalini: O pensamento disciplinado é uma forma de poder no yoga, e a prática do pensamento consciente superior é o que hoje chamamos de definição de uma intenção.

Ervas e Especiarias: o *cardamomo*, como tempero e como óleo essencial, é um elemento libertador que livra o chakra do medo, da negatividade, da insegurança e de outros estressores mentais, facilitando a ambição, a tenacidade e a consecução dos objetivos.

Distúrbios Físicos do Terceiro Chakra

São os seguintes: pancreatite, diverticulite, doença de Crohn e síndrome do intestino irritável (SII). Esses distúrbios podem se manifestar em presença destes estados:

- pensamento obsessivo
- ansiedade
- ódio a si mesmo

Sugestões para Amenizar os Distúrbios Físicos do Terceiro Chakra

As emoções do segundo chakra podem desencadear movimentos instintivos do terceiro chakra relacionados à reação de luta ou fuga.

Seguem alguns aspectos a registrar no diário para aquietar o terceiro chakra:

- Lutar é avançar, fugir é recuar. Que pensamentos e suas respectivas emoções produzem uma dessas reações em você?
- Sentimentos inquietantes se dissipam quando você se aproxima deles, em vez de fugir. Como essa postura emocional madura pode mudar seu pensamento?
- Escreva. Simule um diálogo com a sua ansiedade. O que ela lhe diz?

Problemas Pessoais do Terceiro Chakra

Quando examinamos decisões prejudiciais, elas nos reconduzem à dicotomia sentimentos maduros/imaturos como causa básica.

Quando questionado por outra pessoa, o pensamento obsessivo muitas vezes passa por um momento de indignação emocional, que pode se manifestar como culpa.

Por exemplo: durante uma leitura com uma cliente, perguntei se havia problemas em seu relacionamento. Ela assumiu um tom infantil ao responder que podia muito bem desistir de tudo naquele mesmo momento, pois nunca conseguiria o que queria.

Pode ser muito desafiador ser o receptor da comunicação imatura.

Concordei afetuosamente com ela: *ela deveria desistir de tudo se essa lhe parecesse a melhor decisão.*

Minha recusa em me envolver com a imaturidade emocional possibilitou-lhe ver seu padrão emocional imaturo, e assim tivemos condições de examinar como orientar as emoções do seu segundo chakra para uma comunicação mais madura.

Você pode fazer isso sozinho, lembrando: há sempre um breve momento (antes de uma contrariedade) em que o seu terceiro chakra pode intervir perguntando: *Esta é uma decisão madura e inspiradora?*

Você consegue ver em que isso pode lhe ser útil com relação às emoções do segundo chakra e ao processo de pensamento do terceiro chakra?

CRISTAIS E PEDRAS DO TERCEIRO CHAKRA

Os cristais do terceiro chakra acalmam e purificam o chakra para que ele tenha condições de promover um pensamento lúcido e de resolver problemas de baixa autoestima e de prostração.

Os cristais que sustentam o terceiro chakra são estes:

- **Quartzo limão:** Considerado a pedra da abundância financeira, também alivia a obsessão por alimentos e pode ajudar em casos de distúrbios digestivos.
- **Turmalina amarela:** Uma pedra rara – tão poderosa que conquistou a reputação de livrar seu usuário de influências negativas – é uma energia purificadora natural.
- **Citrino:** É um removedor de influências negativas nos relacionamentos, pois dissipa energias negativas. É uma das poucas pedras que não precisa de limpeza.
- **Jaspe amarelo:** Essa pedra estimula a clareza e o foco.
- **Âmbar:** Pedra do propósito e do pensamento elevado.
- **Olho-de-tigre:** Ajuda a manter o olhar atento ao que precisa ser protegido; pedra que protege durante as viagens.

A COR AMARELA

O amarelo está relacionado ao modo como pensamos e planejamos e à nossa reação natural ao instinto de luta ou fuga.

Se for mais fácil imaginar a cor amarela do que o seu terceiro chakra, visualize essa cor ao trabalhar com o terceiro chakra.

COR DO CHAKRA: AMARELO

- **Atributos:** criativo, inteligente, preciso, cooperativo, sensato, inovador, original, instintivo, sábio.
- **Afirmação:** o meu instinto é o meu guia.
- **Impressão:** raciocínio.

EVOLUÇÃO DO SIGNIFICADO

Nas práticas orientais, à medida que o praticante evolui em um chakra, ele se eleva ao seguinte. Uma prática comum relacionada ao terceiro chakra é a concentração na respiração. Essa disciplina pessoal é um exercício voltado à aquietação e ao silêncio da mente.

A adaptação em nossa moderna definição está no equilíbrio entre praticidade e disciplina. A concentração mental é o modo como operamos em nosso terceiro chakra na vida diária. Tornar-nos conscientes do nosso estado sentimental maduro, ou do nosso estado emocional imaturo, é o ponto inicial onde podemos começar a perceber como nossos pensamentos começam de fato no chakra anterior.

INTERPRETAÇÃO MODERNA

Manifestação, lei da atração e estabelecimento de objetivos são conceitos relativamente modernos. Os yogues orientais quase não precisavam preocupar-se com um novo lar, emprego ou relacionamento. Entretanto, os princípios do terceiro chakra assumem uma força extraordinária na manifestação, pois ele se relaciona com a disciplina e a concentração mentais. Enfrentar o que quer que se apresente e manter-se inabalável é a energia associada a este chakra do pensamento instintivo.

OBJETIVO *VERSUS* INTENÇÃO

Estas duas ideias modernas abrigam-se neste terceiro chakra:

Primeira, uma intenção não é um objetivo. Um objetivo é quem você se torna no processo de alcançar esse objetivo; por exemplo, depois de cursar medicina e terminar sua residência, você se torna médico.

Segunda, uma intenção é maior do que um desejo e mais intensa do que um objetivo.

Uma intenção é a força que transforma determinação e espírito em uma unidade e lança essa unidade no universo como um meteoro, em direção à criação e à manifestação.

Esse é o poder da sua intenção e de seu chakra combinados.

HISTÓRIA DO PLEXO SOLAR

Ao ministrar uma aula sobre o terceiro chakra, pedi a um voluntário que descrevesse um momento doloroso da sua infância.

Muitos adultos esclarecidos introduzem qualquer lembrança dolorosa com as palavras: "Eu aceitei" ou "Não posso mais culpar meus pais..."

Uma mulher confiante e franca se levantou e disse: "Fui abandonada pela minha mãe".

Todos na sala acenaram com a cabeça, indicando entendimento.

Alguns se agitaram quando pedi que ela explicasse o que entendia por "abandono". Em um tom que revelava seu papel de executiva, ela respondeu: "Ora, vamos, Tori. Você sabe o que abandono significa".

Eu sabia o que abandono significava. Mas não sabia o que significava *para ela*. A pergunta era sobre o que havia acontecido para que ela concluísse que fora abandonada pela mãe.

Ela então relatou: "Quando eu era criança, ao voltar da escola todos os dias, minha mãe virava as costas para mim, apontava para a sala de jantar e dizia: 'Seu lanche está na mesa, pegue-o e vá fazer sua lição de casa'. Ela nunca se virava para me olhar ou falar comigo. Ela me abandonou completamente".

O pai dela trabalhava à noite e ela nunca o via. Quando ela saía para a escola de manhã, ele ainda estava dormindo.

Ficamos em silêncio por alguns minutos, pensando... Há uma energia natural no silêncio, em deixar espaço para o pensamento. Para alguns, a quietude acalma a mente. Para outros, cria desconforto.

Vibrações ansiosas começaram a se formar na sala.

Então, com uma voz infantilizada, ela acrescentou: "De qualquer modo, eu realmente não me importo, porque ele batia na minha mãe e eu o odiava. E não, nunca vi nem ouvi nada".

Eu quis saber como ela sabia que o pai agredia a mãe se ela nunca o via nem nunca ouviu nada.

Ela se irritou e, para conter outras opiniões na sala, levantei a mão pedindo que a turma esperasse a resposta. "Como você sabia que foi abandonada?"

Houve um longo silêncio, e então ela envolveu o rosto com as mãos e respirou fundo, com os olhos cheios de lágrimas: "Oh, meu Deus, minha mãe estava tentando me proteger, não querendo que eu visse seus hematomas".

Essa era também a minha sensação. Sua mãe provavelmente tinha ferimentos novos todos os dias e não queria que a filha os visse.

Essa mulher estivera presa a vida inteira à crença de que havia sido abandonada. E, na história que nos contou, ela fora abandonada por todos os homens com quem já havia se relacionado. Sua crença criara um sentimento que ela estava tentando superar – e sua ideia fixa no abandono criava e recriava esse sentimento incessantemente. A partir do momento em que ela observasse a situação de uma nova perspectiva, o resultado seria outro.

Ela comentou que se sentia aérea, acalorada e totalmente alheada, mas ao mesmo tempo livre e aliviada. E então começou a tremer.

Ela estava passando pela experiência de uma elevação da consciência. Seus sentimentos imaturos no segundo chakra haviam se elevado a uma compreensão madura no terceiro chakra. Essa espécie de despertar prometia que tudo em sua vida mudaria naquele momento.

Agora ela sabia que a mãe a estava protegendo, não abandonando. Saber que era amada era uma força maior do que a crença de que fora abandonada.

O significado emocional que ela criou quando tinha 8 anos ditou toda a sua vida. Com a mudança desse sentido, toda a sua vida mudou. Hoje ela vive um longo relacionamento com seu parceiro.

Esse é um exemplo de uma aplicação moderna do processo de cura dos chakras e de como a confiança no seu instinto opera no terceiro chakra.

MEDITAÇÃO

Ao observar o nosso terceiro chakra – pensamentos e planos – podemos facilmente perceber a frequência com que as decisões se baseiam em nossos sentimentos. Essa é a disciplina do segundo chakra, quando aprendemos a distinguir os sentimentos imaturos dos maduros.

Detenha-se mentalmente um momento para imaginar a ponte entre o segundo e o terceiro chakras. Com olhos relaxados, continue lendo e observe que, quando um sentimento nos deixa aborrecidos, a mensagem é enviada através da ponte para o terceiro chakra, onde o pensamento, e talvez o ego, assume o controle.

Convido-o a deter-se nessa ponte e a observar um forte sentimento do segundo chakra aproximando-se de você.

Percebendo essa aproximação, levante a mão para detê-lo e imagine nesse momento a disciplina praticada pelos yogues para conter sua serpente interior.

Respire.

Enquanto contém essa energia, sinta o sentimento localizado no centro da palma da mão.

Respire novamente. Dessa vez, expire o sentimento para o universo, que é maior e mais amplo e pode apossar-se desse sentimento e transformá-lo em amor e sabedoria.

Em seguida, comece a baixar a mão. Em meio ao seu silêncio, deixe que o sentimento o envolva, o atravesse e se dirija ao seu terceiro chakra.

Então, vire-se e ande em direção ao terceiro chakra, atravessando a ponte.

Ao chegar ao outro lado, observe se esse sentimento está criando uma vibração mais alta ou mais baixa no terceiro chakra. Ele o está elevando ao pensamento consciente mais alto possível ou o está levando à perturbação?

Continuando, solte os ombros; volte ao seu estado de consciência desperta. Todo esse exercício pode ser realizado no período de tempo necessário para passar de uma tempestade emocional a uma decisão de fração de segundo que pode determinar o foco da sua vida.

Você acaba de viver a experiência da disciplina necessária para conter a energia do seu terceiro chakra e torná-la utilizável e aplicável no seu mapa pessoal.

PENSAMENTOS E O TERCEIRO CHAKRA: SEU MAPA INTERNO

"De modo geral, duas fontes alimentam o pensamento: em primeiro lugar, as raízes subjetivas, basicamente inconscientes; em segundo, os dados objetivos transmitidos pelas percepções sensoriais."

– Carl Jung

Examinemos esta PARADA no seu mapa interno dos chakras

Você já se inscreveu em um curso que lhe despertava grande entusiasmo e, depois da segunda semana, desistiu? Ou de repente parou de frequentar? Ou perdeu a vontade de participar?

A maioria das pessoas abandona um curso entre a segunda e a terceira semana. Como você descobriu na meditação, a disciplina necessária no segundo chakra é com frequência negligenciada, fazendo com que a maioria das pessoas desista dos seus sonhos em algum ponto na passagem entre o segundo e o terceiro chakras.

Nossas emoções se intensificam e, caso influenciem o nosso terceiro chakra do planejamento e do pensamento, o suficiente para desistir é um sentimento que nos detém. Sentimentos negativos superarão os positivos e nos farão abandonar nosso objetivo.

Uma maneira de alterar essa situação é entrar em contato com a disciplina disponível no terceiro chakra. Na próxima vez que sentir a tentação de desistir, apenas diga a si mesmo: *Cara, este sentimento É doloroso, mas vou encará-lo mesmo assim.*

Outra ideia é adiar um desejo de parar dizendo a si mesmo: *Este sentimento de querer desistir é vital e muito importante. Ele é muito forte, e preciso realmente examiná-lo... amanhã. Pensarei nisso amanhã; por enquanto, vou continuar persistindo de qualquer maneira.*

Então decida: *não farei planos até que esse sentimento passe e até ter certeza de que desistir ou abandonar é para o meu bem maior.*

Esses pensamentos associados à ação são uma prática poderosa do terceiro chakra.

QUANDO O TERCEIRO CHAKRA ESTIVER PERTURBADO, OBSERVE O ANTERIOR

Uma das coisas a ter em mente é que um pensamento de baixa vibração pode nos levar a um estado que queremos evitar, mas ele começa com sentimentos de insegurança ou medo. De novo, se examinarmos o aspecto problemático de um chakra, veremos que ele está diretamente relacionado ao pensamento vibracional inferior nos chakras anteriores. O que sentimos irá ditar os planos que traçaremos ou não em nossa vida.

> ***Nossos pensamentos são como um volante. Só você pode decidir quem está no banco do motorista da sua vida.***

ESCREVA SOBRE O TEMA

Perspectiva do Antônimo / 7 minutos

Neste chakra, usaremos os antônimos de forma diferente. Reflita sobre um sentimento que VOCÊ sabe que o impediu de aproveitar oportunidades de progresso na vida. Na próxima vez que ele surgir, você estará munido de instrumentos que possam transformar o que antes o deteve?

Vejamos como sentimentos derrotistas podem afetá-lo no dia a dia.

- Durante alguns minutos, faça uma lista de todos os sentimentos que você já sabe que o detêm ou diminuem.
- Não faça nada com relação a eles – apenas preencha a lista.
- Em seguida, procure os antônimos e escreva-os ao lado de cada emoção listada.
- Escreva a palavra (ou palavras) em uma ficha e, no verso, escreva a palavra contrária a ela.

- Na próxima vez que um sentimento de menosprezo e demérito o invadir, consulte sua ficha OU elabore uma nova no momento.

Principais Palavras e Frases Relacionadas ao Terceiro Chakra

- **Palavras:** força de vontade, autoconfiança, autocontrole, propósito, desejo, vitalidade, instinto, baixa intuição, detalhes, mental, raiva, ego
- **Frases:** Vou pensar sobre isso, siga a estrada de tijolos amarelos, é assim que penso, o que você pensa você atrai, pensamentos são coisas, em busca da perfeição

MANIFESTAÇÃO DA INTENÇÃO

Seu guia interior emerge. No terceiro chakra amarelo, acendemos a luz da varanda e informamos aos anjos que estamos em casa. É hora de decidir se você permitirá que a magia entre.

PRINCIPAIS IDEIAS SOBRE O TERCEIRO CHAKRA

- Quando deixamos de ser quem não somos, abrimos a porta para quem somos.
- Medos são dificuldades que integramos com a ajuda de emoções maduras no caminho da iluminação.
- Devemos enfrentar dilemas com dignidade.
- Se ignorarmos os nossos sentimentos, seremos controlados por eles.

- A solução é sempre simples quando submetemos nosso apego a um resultado.
- Escolhas sensatas significam pensar de modo expansivo.
- Seus sentimentos não podem mais ditar suas ações.

PRÓXIMO PASSO

No próximo capítulo, examinaremos o quarto chakra e veremos se um possível comprometimento do nosso coração com um plano tem relação direta com o terceiro chakra.

A realidade é que, no quarto chakra, abrimos o coração, e há momentos em que o nosso pensamento pode ignorar o que é bom para nós. Por isso, quando você se depara com um aborrecimento, é apenas questão de tempo até perceber onde estavam os sinais de perigo. Essa é uma forma comum de nosso pensamento desmerecer nosso melhor julgamento.

Quarto chakra (verde): Anahata

Lótus: 12 pétalas
Regência: glândula timo
Órgãos: coração
Significado: abertura
Conceito Principal: assuntos do coração
Tradução Ocidental: compaixão
Cromoterapia Ocidental: harmonia
Aspecto Kundalini: À medida que a energia se eleva na kundalini, abrimo-nos para a vasta expansão do quarto chakra e para a energia do amor. A abertura dos três primeiros chakras pela consciência possibilita a ascensão ao chakra do coração.
Ervas e Especiarias: *manjericão, sálvia e tomilho*. Essas ervas são especialmente benéficas para o coração físico. Todas as ervas e especiarias que tratam e fortalecem o coração podem ser usadas em rituais pessoais para reverenciar o amor em nossa vida.

A vida que criamos nos três primeiros chakras define se a nossa serpente interna está a nosso serviço ou se nós estamos a serviço dela.

Distúrbios Físicos do Quarto Chakra

Temos aqui: refluxo, arritmia, doença pulmonar obstrutiva crônica (DPOC), asma e pneumonia. Os distúrbios no quarto chakra se desenvolvem em torno de questões relacionadas com:

- exaustão
- amargura
- ressentimento

Sugestões para Amenizar os Distúrbios Físicos do Quarto Chakra

O quarto chakra clama por cuidado benevolente de si mesmo e consciência. O coração é dócil, mas pode criar confusão quando espiritualmente fatigado. Um dos lenitivos mais eficazes é a meditação. Lembre-se, uma soneca também é um período de meditação. Descanse.

Problemas Pessoais do Quarto Chakra

Inveja, ódio, raiva e solidão são os problemas do quarto chakra.

Durante uma aula, Sally admitiu sentir uma enorme angústia com relação ao quarto chakra. Sua família de origem era um festival de gritos e berros, por vezes chegando à violência. Comentei que ela provavelmente era ótima em administrar crises. Surpresa, ela esclareceu que era conselheira de crise. Ela ganhou vários prêmios e criou programas para famílias problemáticas.

Sugestões para Amenizar os Problemas Pessoais do Quarto Chakra

Um dos principais componentes do quarto chakra é a compaixão. A compaixão de Sally por aqueles que ela orientava era imensurável. Não obstante, tinha pouca compaixão por si mesma.

Ela tomou a decisão de descansar e envolver-se com algo em que não fosse líder, mas apenas participante e estudante. Passou então a participar de atividades individuais em ambiente de sala de aula, encontrando a solução perfeita no tricô. Durante as aulas, ela não só conseguia relaxar, mas também aprender com colegas mais experientes.

CRISTAIS E PEDRAS DO QUARTO CHAKRA

Cristais que abrem, ativam e acalmam o quarto chakra:

- **Aventurina verde:** Essa pedra traz tranquilidade e acredita-se que abra o coração à criatividade.
- **Esmeralda verde:** Compaixão.
- **Quartzo rosa:** Esse é um dos cristais mais comuns para o amor, pois oferece o aspecto vibracional da compaixão; frequentemente usado para tratar mágoas do coração.
- **Calcita verde:** Essa pedra semipreciosa está associada ao fluxo sanguíneo no coração e é em geral usada em simpatias para

atrair dinheiro, uma vez que lhe é atribuído o poder de remover obstáculos.

- **Jade:** Essa pedra semipreciosa orienta-o a abrir o coração a um propósito maior; excelente pedra para meditação.

Observação: Em algumas frequências, o quarto chakra pode parecer rosa, e em alguns livros de chakras você pode ver a cor rosa atribuída ao quarto chakra; essa variação de cor representa a vibração mais elevada dos chakras vista de alguns ângulos.

"Suas visões só se tornarão claras quando você conseguir olhar para o seu próprio coração. Quem olha para fora, sonha; quem olha para dentro, desperta."
– Carl Jung

COR DO CHAKRA: VERDE

A cor verde representa crescimento, vida e amor e cria um ambiente de tranquilidade. Como a cor da natureza, é uma semente de compaixão.

Se for mais fácil visualizar a cor verde do que imaginar o seu quarto chakra, faça isso até que o chakra ressoe em você.

- **Atributos:** equilíbrio, harmonia, fraternidade, esperança, crescimento, cura, amor, paz, prosperidade.
- **Afirmação:** tudo é possível com um coração aberto.
- **Impressão:** amor.

EVOLUÇÃO DO SIGNIFICADO

Em algumas práticas de yoga, o quarto chakra significa "solto", "livre". Este chakra é a ponte entre o corpo físico dos três primeiros chakras e o corpo espiritual dos três últimos. À medida que nos libertamos dos desejos terrenos, avançamos em direção à bem-aventurança espiritual. O quarto chakra é o verdadeiro guardião entre o físico e o invisível.

INTERPRETAÇÃO MODERNA

A capacidade de sermos ativos na realização dos nossos desejos ou de liberar uma obrigação inconsciente que estamos cumprindo em nossa vida reflete a ideia de obediência espiritual adotada nas disciplinas orientais desde tempos remotos.

Hoje, o recurso ao chakra geralmente inclui a manifestação dos nossos desejos, o que é outra forma de indicar a ação da lei da atração. O que esquecemos é a ideia de que é preciso trabalhar (disciplina energética) para despertar os chakras.

As pessoas costumam pular do terceiro chakra (ideia) para o quinto chakra da manifestação, desconsiderando o quarto chakra.

Se você tem um motivo oculto, ou não se apoia com firmeza na integridade, você pode ficar detido no quarto chakra. Indagar com uma mente curiosa é o requisito necessário para abrir o chakra do coração. Afinal, o coração pede a verdade e, quando procuramos essa verdade dentro de nós mesmos, podemos ascender ao chakra seguinte.

HISTÓRIA DO CORAÇÃO

Durante uma aula sobre "Como Manifestar-se com os Chakras", cada participante dava o testemunho que considerava pertinente ao tema.

Kate estava no processo de abrir uma panificadora. Sua lembrança predileta dos tempos de criança era a confeitaria da família da mãe. Ela adorava ir à loja todos os dias depois das aulas, fazer as lições de casa e deliciar-se com algum dos produtos especiais que sua avó havia feito. Foi o período mais feliz da sua infância.

Quando a loja fechou nos anos da sua adolescência, Kate transformou em missão da sua vida recriar e reviver essa experiência.

No momento em que começou a participar do meu curso, ela já estava quase pronta para concretizar seu sonho. Ela tinha um plano de negócios, um pedido de empréstimo pendente e um ponto ideal em uma cidade turística à beira-mar. Estava prestes a assinar o contrato quando soube do curso. Ela se inscreveu com o propósito de imbuir-se de uma direção sólida na manifestação e energização com os chakras. Na primeira semana, estava animada para compartilhar suas intenções.

Na segunda semana, Kate admitiu que passara por altos e baixos emocionais. Alguns colegas da turma garantiram que esses sentimentos eram normais.

Como essa era a segunda semana, estávamos trabalhando com o segundo chakra. Embora eu compreendesse os sentimentos dela, cuidei para não oferecer uma solução. Lembre-se de que o medo pode intensificar-se no segundo chakra, e pensamentos podem transformar-se rapidamente em vontade de desistir.

No processo de criação do nosso mapa de manifestação, podemos tender a procurar orientações quando já temos nosso destino de chegada. Isso ocorre de modo especial na etapa de aprendizado da leitura do nosso mapa.

Continuar na direção certa significa reorientar seus sentimentos para o que você realmente deseja e, mesmo sentindo medo, decidir-se a *realizar esse desejo de qualquer modo.*

Na terceira semana, ela admitiu estar pensando, conforme suas próprias palavras, que "tudo isso estava errado".

Existe uma grande diferença entre forçar-se a fazer algo e realmente desejar alguma coisa e sentir-se "balançar". Lembrei-lhe que ela podia mudar de ideia, se quisesse. Ela logo entrou em um estado de agitação emocional.

Esse era o sonho dela – o que ela realmente queria!

Alguns participantes começaram a sugerir que se tratava de um bloqueio no seu terceiro chakra, e talvez seu instinto estivesse lhe dizendo algo.

Ela repetiu que essa padaria era de suma importância para ela e que era fundamental que outras pessoas pudessem ter as lembranças maravilhosas que ela guardava.

Às vezes, quando perseguimos o sonho de recriar uma lembrança, pode ser que queiramos fazer alguém feliz. A nossa alma quer provar que, por meio de nossas ações, a família pode voltar a um tempo mais feliz.

Pedi a ela que esclarecesse seu processo de pensamento: Esse é o seu sonho ou é um sonho que você acha que deve realizar por causa de outra pessoa?

Uma profunda tristeza tomou conta dela. Nesse dia, ela saiu da aula chorando.

Na quarta semana, Kate esteve ausente. Para seu próprio bem, ela voltou na quinta semana e admitiu que realmente não queria uma panificadora.

A mãe dela não era a melhor empresária. O diploma dela, Kate, era em Administração. A perda da padaria destruiu a família, de quem a loja era o coração... logo depois do fechamento, a avó e o avô faleceram. Kate fez uma pausa.

Não era o sonho dela; foi uma decisão tomada na adolescência para compensar a família. Na realidade, simplesmente faltavam-lhe os recursos para lidar com a morte dos avós.

Em um momento de lucidez, ela desabafou: "Ataque cardíaco. Os dois tiveram um ataque cardíaco no período de três meses".

Ao reconhecer que seu coração estava amargurado e que ela realmente não queria a padaria, Kate encontrou o seu caminho para de fato abrir o coração para o que era importante para ela. A semana entre o quarto e o quinto chakras havia propiciado espaço para que seu coração se entristecesse pelo amor que ela não panteara na época.

Na quinta semana, ela já havia abandonado a intenção de encontrar um sócio com quem pudesse dividir um sonho – seja o que for que isso significasse.

Ao reconhecer a verdade em seu coração, ela abriu um caminho para reencontrar a alegria e um espaço onde sua alma pudesse se desenvolver. E, para sua satisfação, isso significou conhecer um viúvo com dois filhos e abrir um restaurante, um espaço em que seu coração aberto se inseria à perfeição.

Quando nos dispomos a desistir do que pensamos (terceiro chakra) que queremos, nosso coração (quarto chakra) se abre para uma consciência mais elevada e nós nos capacitamos a chegar ao nosso verdadeiro destino.

Como luto é amor sem um lugar para ir, muitas vezes precisamos prantear a perda de um sonho antes de entrar em um novo.

MEDITAÇÃO

O que segue é uma meditação experiencial. Durante a leitura, empreendendo essa jornada, sua alma sábia acompanha as palavras com os olhos serenos.

Para sentir plenamente o quarto chakra, mentalize luz branca fluindo do céu e, à medida que ocupa o espaço em que você se encontra, veja-a entrando pelo topo da cabeça e descendo até o coração, acomodando-se e preenchendo-o de luz.

Ao mesmo tempo, outra luz branca de paz entra pelos seus pés, sobe até o chakra da raiz, envolvendo-o por inteiro, como também o segundo chakra, e continua. Ao chegar ao terceiro chakra, essa luz que sobe da terra se junta à que desce dos céus e ambas se encontram no chakra do coração.

Permita que essa luz calmante permaneça ali pelo tempo que você desejar. E quando estiver pronto...

... Imagine que o chakra do coração se assemelha ao cume de uma montanha no outono. Seu coração está aberto e florescendo; nas encostas da montanha, as folhas das árvores são vermelhas, alaranjadas e amarelas; elas retornarão à terra, pois os chakras terrestres básicos representam energia física, viva e alentadora.

O propósito da nossa jornada consiste em alcançar a abertura em que nos encontramos neste momento. Esse é o último ponto de arraigamento e trampolim para os chakras invisíveis do corpo espiritual. A verdadeira intenção do nosso chakra do coração é elevar o que está abaixo dos picos espirituais mais altos a nós disponíveis antes de entrarmos no reino espiritual da comunicação, expressão, manifestação e, se bem-sucedidos, da verdadeira experiência da consciência de Deus.

O equilíbrio é um mito criado pelo pensamento ocidental. Em nenhum outro lugar isso é mais claro do que no quarto chakra do coração, situado perfeitamente no meio do nosso sistema de sete chakras. Muitos acreditam erroneamente que se estivermos equilibrados seremos felizes.

A ideia de equilíbrio é um ideal.

Imagine uma gangorra. Perfeitamente equilibrada. No entanto, não podemos ficar aí. Essa paz essa perfeição devem ser compartilhadas. Nosso chakra do coração anseia por conexão! É isso que esse canal é. Conectamos nossos planos e pensamentos com a nossa voz, que flui através da pureza do coração.

Assim, embora a disposição de manter o equilíbrio seja admirável, o objetivo não é mantê-lo, mas sim senti-lo, permitindo-nos assim evoluir por meio do quarto chakra para a partilha com as outras pessoas. O equilíbrio deve ser mantido apenas por um tempo, como a respiração no yoga, e depois desfeito. Então, no quinto chakra, a nossa mensagem é enviada ao mundo.

Quando estiver pronto, depois de encontrar e sentir seu quarto chakra, leve a atenção de volta à consciência desperta.

A Perfeição Nos Detém no Quarto Chakra

"A árvore que não se dobra ao vento
será quebrada pela tempestade."
– Provérbio chinês

O quarto chakra é uma verdadeira lição de resiliência do coração. Embora saibamos intelectualmente que o nosso coração não pode nos "atacar", é aqui que abrimos nosso coração, cientes dos riscos.

Defina amor. Compartilhe amor. Veja o amor em toda parte, não apenas na forma que exigimos do universo.

APLICAÇÃO DO QUARTO CHAKRA: SEU MAPA TEM AS RESPOSTAS

Lembre-se: suas respostas já estão dentro de você.

Devemos arriscar estar em equilíbrio ou em desequilíbrio, ter coragem de amar e correr o risco de perdoar a nós mesmos com o entendimento de que podemos sentir tristeza pelo tempo perdido ou aflição pelo que ignoramos. Neste ponto em nosso mapa dos chakras, a lição é de coragem.

Nosso coração deve nos conectar com a verdadeira natureza do espírito em nosso eu superior, e o que surge é a gratidão que vive no quarto chakra e abre nosso coração, provocando-nos a ser fiéis a nós mesmos e aos nossos sonhos e a respeitar os sonhos dos outros.

O risco é o segredo.

Em que aspectos da sua vida você é corajoso?

Todos são corajosos em alguma área da vida. A parte do nosso mapa em que escolhemos a cidade, a rodovia ou a autoestrada que percorreremos é o nosso caminho pessoal; isso é determinado no quarto chakra.

QUANDO O QUARTO CHAKRA ESTIVER PERTURBADO, OBSERVE O ANTERIOR

É no terceiro chakra que os planos são elaborados. Se o coração não se compromete com um plano, em geral teremos pouco entusiasmo e até certo desinteresse em executá-lo. A fidelidade a nós mesmos e ao nosso coração começa com um plano autêntico. Quando tomamos decisões com base em um desejo puro, nosso coração se abre.

EXERCÍCIO COM O CHAKRA / ESCREVA SOBRE O TEMA

Exercício Intuitivo: Perspectiva do Sinônimo / 4 minutos

1. Faça uma lista. Escreva o mais rápido possível os fatos, sentimentos ou experiências que deram uma grande alegria ao seu coração.
2. Em seguida, veja as palavras ou frases principais (listadas abaixo) que se aplicam à sua lista. Aplique UMA frase ou palavra a cada item da lista.
3. Feito isso, consulte um conjunto de sinônimos relacionados à palavra escolhida. Se você escolheu *alegria*, por exemplo, veja todos os sinônimos e registre o que mais ecoa em você no momento.
4. A palavra que você escolheu é uma mensagem especial para você relacionada com o seu desejo mais profundo. Ela estará associada com a única coisa que abre seu coração.

5. Se você tiver uma das pedras do quarto chakra, use-a e peça à sua sabedoria interior que lhe dê o entendimento do significado dessa palavra.
6. Relaxe; conceda-se alguns dias para processar essa experiência sem expectativas.

Principais Palavras e Frases Relacionadas ao Quarto Chakra

- **Palavras:** coração, compaixão, amor, conexão, cuidado, alegria, paciência, paz, bondade
- **Frases:** meu coração não está nisso, o coração dela estava no lugar certo, ter compaixão pelos outros, integração da comunidade, você vai me causar um ataque cardíaco, o coração dele está fechado

MANIFESTAÇÃO DA INTENÇÃO

Ficarei aberto a novas oportunidades de dar e receber amor. Declaro-me pronto para ficar aberto às vibrações que meu coração captar. Só agirei quando sentir paz e souber o que está em meu coração.

PRINCIPAIS IDEIAS SOBRE O QUARTO CHAKRA

- O caminho que escolhemos hoje (ou que escolhemos no passado) é o que o nosso coração deseja?

- Sentir tristeza pode fazer parte do caminho para a integridade pessoal.
- Respeitamos o nosso crescimento pessoal conforme necessário.
- Um coração aberto pode mudar nossa percepção.
- Luto é amor sem um lugar para ir.

PRÓXIMO PASSO

No próximo capítulo, abordaremos o quinto chakra e como o que manifestamos fluiu através do chakra do coração. Aquilo com que o seu coração está comprometido – seja o que for – se manifestará em sua vida. Por outro lado, se o que você deseja não está em harmonia com o seu chakra do coração, o que se manifesta na sua vida pode decepcioná-lo.

O quinto chakra revela o que você manifestará e não manifestará, com base nas mensagens que você envia ao mundo.

Quinto chakra (azul): Vishuddha

Lótus: 16 pétalas
Regência: tireoide, metabolismo e temperatura corporal
Órgãos: cordas vocais, boca, língua e esôfago, canais bronquiais, sistema respiratório
Significado: purificação
Conceito Principal: comunicação
Tradução Ocidental: expressão criativa
Cromoterapia Ocidental: diálogo sincero com outros
Aspecto Kundalini: A confiança espiritual aumenta, pois estamos preparados para expressar a nossa verdade. Passamos a níveis mais elevados de discernimento, uma vez que este chakra dá voz aos desejos do nosso coração.
Ervas e Especiarias: *flores de trevo vermelho, erva-cidreira.* Essas ervas promovem a limpeza e o alívio da garganta. Especiarias para tratamento da garganta possuem propriedades e energias restauradoras para o quinto chakra.

Distúrbios Físicos do Quinto Chakra

Incluem-se aqui: disfunção da tireoide e problemas nos brônquios, no esôfago e no sistema respiratório. Os distúrbios físicos do quinto chakra decorrem de conflitos internos relacionados a:

- mágoas da infância
- vergonha
- agressão verbal

Sugestões para Amenizar os Distúrbios Físicos do Quinto Chakra

Muitos psicoterapeutas dizem que somos responsáveis por tudo o que acontece em nossa vida. Embora isso possa ser verdade, dizer a uma pessoa que ela "pediu" uma doença pode induzi-la a não querer descobrir como a sua própria energia atraiu esse mal.

Em essência, o quinto chakra representa o modo como o mundo percebe e reage a você; ele está diretamente relacionado ao que você manifesta fisicamente em sua vida. É um lembrete de que a nossa missão na vida pode ser maior do que nós e de que um desajuste ou desequilíbrio pode estar relacionado a um pedido relevante a que o universo está atendendo.

Problemas Pessoais do Quinto Chakra

De longe, o maior problema aqui é querer permanecer pequeno, e assim invisível, para evitar ser julgado ou humilhado. Como o quinto chakra é o chakra da manifestação, a lei da atração é ativada e pode aumentar a sua frustração por não obter o que você deseja.

Sugestões para Amenizar os Problemas Pessoais do Quinto Chakra

Para mudar a dinâmica de não ser ouvido e de não ser capaz de pedir o que deseja, escreva com todos os detalhes possíveis o que exatamente se repete de modo recorrente em sua vida.

- Anote o que você observa – seja breve. Não explique. Escreva SOMENTE a experiência. Por exemplo: garçons sempre me ignoram.
- Em seguida, conte uma história. SE VOCÊ fosse garçom e observasse a você mesmo à mesa, como reagiria? Não fale dessa reação do seu ponto de vista, apenas descreva o que o *garçom* vê.
- Compartilhe com um amigo que não tente corrigir ou julgar você.

Se necessário, peça ao amigo que o ajude a editar TODA a carga emocional de sua redação. Depois, sendo o mais imparcial possível, elabore a mensagem que você precisaria enviar para criar o que está acontecendo.

Qual seria a mensagem contrária?

CRISTAIS E PEDRAS DO QUINTO CHAKRA

Os seguintes cristais e pedras são associados e utilizados para a cura do chakra da garganta:

- **Amazonita:** São cristais em vários tons de azul usados para promover o equilíbrio emocional e repelir a negatividade.
- **Azurita:** Esse mineral em tons contrastantes de azul é conhecido por equilibrar o chakra da garganta e sustentar a voz na busca do nosso eu superior.
- **Turquesa:** Pedra semipreciosa azul ou verde-azulada, é usada para promover uma comunicação confiável e eficaz.
- **Topázio azul:** Essa pedra concentra a energia da cura espiritual para restabelecer e revigorar o corpo.
- **Lápis-lazúli:** Essa pedra semipreciosa azul também é conhecida como "pedra da verdade" por seu uso na promoção de uma comunicação efetiva.
- **Água-marinha:** Variando de azul-esverdeado a azul, essa pedra semipreciosa de limpeza promove a tolerância e a empatia, ao mesmo tempo que atenua os medos.

COR DO CHAKRA: AZUL

O conceito principal do quinto chakra é som e audição.

- **Atributos**: verdade, comunicação, lealdade, serenidade, fé, espiritualidade, criatividade, expressão.
- **Afirmação:** você manifestará sua comunicação precisa ao universo.
- **Impressão:** visionário.

> ***É muito mais fácil ter a sensação da cor azul do que imaginar seu quinto chakra.***

EVOLUÇÃO DO SIGNIFICADO

Se observarmos a evolução mais de perto aqui, o que mais importa nos estudos orientais é a comunicação da divindade interior e a nossa relação com ela. Não é difícil ver que o poder atribuído ao quinto chakra é um indicador significativo se seremos sinceros conosco, com o universo e com os nossos semelhantes. Quando nos relacionamos com o aspecto mais elevado de um chakra em particular, na realidade nos unimos ao divino interior.

Embora terapeutas energéticos trabalhem para limpar este chakra e a meditação possa acalmá-lo, a nossa comunicação deve ser um canal claro, ou os problemas do nosso passado obscurecerão o nosso futuro. Este chakra exige clareza em nossa expressão. De muitas maneiras, é no quinto chakra que nosso sucesso e nosso fracasso na vida se revelam por meio da nossa clareza ou da falta dela.

INTERPRETAÇÃO MODERNA

O quinto chakra refletirá quem você é e, portanto, o que você atrairá para o mundo. Como estabelece a lei da atração, os outros veem quem somos, e semelhante atrai semelhante. É aqui que a ideia moderna da manifestação dos nossos sonhos se torna possível e exigirá foco total.

Um dos equívocos neste ponto é pensar que é fácil manifestar o que desejamos muito; embora isso seja verdade até certo ponto, se você não está em contato com a verdade do seu coração, o que você recebe pode não ser o que você realmente deseja; pense nisso como pedir café quando você queria dizer leite e ficar surpreso ao receber café.

A disciplina estruturada da evolução dos chakras implica conhecer verdadeiramente a si mesmo e ser capaz de dizer a sua verdade, o que faz com que a manifestação pareça fácil para algumas pessoas.

Alguém que tem medo de pedir um aumento ao seu chefe não expressa sua verdade e por isso não está em sintonia no quinto chakra.

Talvez você conheça alguém que pratica yoga e que domina as práticas físicas de maneira primorosa, mas, apesar disso, pode não ter capacidade para traduzir essa disciplina física em sua comunicação cotidiana. Como exemplo disso, poderíamos incluir nessa situação um voto inconsciente de pobreza, o uso excessivo de drogas ou álcool ou a dificuldade de pedir um aumento. Quando observamos o fato dessa forma, fica claro que o mundo real está além das quatro paredes e requer uma forma de intimidade* que pode assustar alguém que não compreende o poder dos seus chakras.

Você está percebendo o valor dos chakras à medida que eles constroem o seu mapa interior?

* Intimidade é VER-DENTRO-DE-MIM – não é o que obtemos dos outros, mas sim quem somos. As pessoas podem ver quem você é e, quer gostem ou não de você, elas o veem com clareza.

Essa é uma das principais razões por que o sistema de chakras moderno pode transformar a nossa vida. Temos em nós toda a capacidade que os monges tinham séculos atrás; o elemento que falta é muitas vezes a disciplina.

Em uma breve digressão, vejamos o que eu gosto de chamar de amnésia da comunicação (uma agenda oculta), que ocorre quando não criamos o que dizemos que queremos; o resultado é um ciclo de incriminações a outras pessoas pelo resultado que obtemos.

Comunicação Ignorada = Incriminações a Outros

HISTÓRIA DA GARGANTA

"Conhecer a própria escuridão é o melhor método para lidar com a escuridão dos outros."
– Carl Jung

Costumo dizer que a única saída é através. Tradução? Para evoluir, precisamos manter conversações difíceis. Embora a história a seguir possa parecer uma forma de "incriminar a vítima", peço-lhe que suspenda o seu julgamento. Incentivo-o a validar qualquer aborrecimento pessoal (caso ocorra) e a dar-se conta da oportunidade que cada um de nós tem de transformar seu método de comunicação a qualquer momento.

Faça o possível para apreender o sentido real da história, em vez de divagar sobre a vitimização social das mulheres. Embora isso tenha sido um fato na história humana, o objetivo desta história é indicar uma mudança interna que pode ser feita para que limpemos e vivamos nossa autenticidade por meio do nosso quinto chakra.

Muito bem; comecemos...

Alguns anos atrás, em Los Angeles, eu coordenava um grupo de apoio (*mastermind group*) voltado aos chakras e interessado em criar relacionamentos na indústria (do entretenimento). Era um *workshop* de oito semanas, e dois dos participantes, marido e mulher, formavam uma equipe de negócios.

Ele era escritor, ela, atriz, e estavam à procura de um produtor/diretor que apoiasse o projeto deles – com ela como atriz principal – e o oferecesse a um grande estúdio. Eles precisavam criar relações que tornassem seu sonho realidade. Para Janie e seu marido, significava atrair um parceiro que patrocinasse seu trabalho.

Eles foram a um evento de relacionamento de alto nível em que Janie conheceu um produtor/diretor de renome. Ela relatou com entusiasmo que, na semana seguinte ao evento, ela e esse homem falaram por mais de uma hora sobre espiritualidade e Deus e criaram um vínculo muito forte. Quando ele sugeriu que se reunissem para o almoço oito dias depois, ela ficou muito animada.

Depois desse almoço, ela compareceu à sessão do grupo visivelmente aborrecida e com muita raiva. O interesse desse produtor não estava no roteiro que ela lhe apresentara, mas em convidá-la para voltar ao hotel com ele. Ela ficou magoada e envergonhada com a agenda oculta dele.

Quando ele revelou sua intenção, ela ficou surpresa, pois achava que iriam falar sobre o filme. Ele respondeu que não precisava desse filme, pois poderia fazer o filme que quisesse. Ele estava claramente interessado em outra coisa. Ela ficou arrasada.

Todos no grupo concordaram que *ele* tinha uma agenda oculta e a havia atraído para almoçar sob um pretexto falso.

Embora essa parte fosse verdadeira, era importante que entendêssemos a comunicação aqui para evolução.

Em algum nível, Janie sabia que a conversa sobre espiritualidade era um elo falso. Ela preferiu entender que estava se aproximando do seu sonho, em vez de admitir que o bate-papo com esse homem foi superficial. Em apoio à intenção dela (terceiro chakra) de fazer o filme, ela desconsiderou o coração (quarto chakra) e criou uma conexão cheia de agendas ocultas. O que ela perdeu foi *sua própria* agenda oculta.

Quando as coisas não levaram ao resultado esperado, ela atribuiu ao mau comportamento de outra pessoa a responsabilidade pela não realização do seu sonho.

> Infelizmente, se ignorarmos o quinto chakra e o que sabemos internamente que não está levando a bom termo, isso voltará para nós na forma de uma sensação de que alguém nos traiu.

Com toda a justiça, esse produtor sabia o que ela queria e deixou que ela encenasse seu esquema diante dele. A questão é saber quem é *mais* ardiloso, e não como podemos mudar nosso comportamento para criar o resultado que desejamos.

Lembre-se: O que você desconsidera o detém.

Janie ficou chateada com o que considerava ser a agenda oculta dele, mas não conseguia ver a sua própria – obter amor e admiração do público.

Ela mencionou que o filme era de suma importância e significava muito para ela. O que ela queria de fato era que o filme a tornasse famosa para assim obter amor e admiração de estranhos. O que o universo lhe devolveu foi um espelho do seu desejo mais profundo.

Pense nisso. Esse homem ofereceu amor e admiração falsos. O verdadeiro problema foi que esse amor não chegou na forma que ela queria. No entanto, era um espelho.

Ela estava lá, sentada, almoçando com um estranho que poderia torná-la famosa. Observe como essa palavra "*estranho*" esclarece como essa situação se desenrolou.

Como diz o ditado: *O que você pensa, você cria*. Esse ditado é verdadeiro. O perigo está em desconsiderar o chakra do coração; na realidade, fazemos isso para camuflar uma agenda oculta. Quando falamos sobre as vibrações que enviamos para o universo, é no coração que elas se originam.

Quando as comunicações do quinto chakra são vagas, a visão pessoal também é obscura. Um chakra desequilibrado pode energeticamente passar a sensação de que você não consegue alcançar algo que realmente deseja.

EPÍLOGO

Um quinto chakra limpo se revela em quem se manifesta com rapidez e resulta da conexão fluida entre o quarto e o quinto chakras.

Seu quinto chakra é a energia vibracional que você envia continuamente ao mundo. Por isso, para ver o que acontece no seu quinto chakra, observe a realidade da sua vida.

Você é solteiro ou casado? A energia vibracional do quinto chakra é exatamente o que cria seus relacionamentos.

Você gosta do seu emprego ou o detesta? Novamente, mesmo sem sua mente consciente em ação, a vibração que você envia ao mundo é o que aparece.

MEDITAÇÃO EXPERIENCIAL

Mais uma vez, peço que leia este texto com atenção livre de tensões, mantendo-se presente e lendo as palavras à medida que os olhos percorrem a página.

Não me siga; em vez disso, ouça em sua mente ao ler para si mesmo. O quinto chakra é o seu chakra da manifestação. Esse é o lugar onde se decide tudo o que você está vivendo, viveu e viverá no futuro.

Respire.

> Um transe energético vibracional pode assumir várias formas. Por exemplo, um transe pode ocorrer quando estamos fazendo compras, cozinhando, malhando ou nos divertindo.

Você já está em um estado de consciência, e esse estado meditativo o relaciona diretamente ao seu quinto chakra.

Enquanto lê, talvez você tente entender o que está lendo. Não se preocupe em querer entender sua meditação. Ignore seu pensamento lógico.

Visualize uma luz branca descendo do céu e criando uma bela e suave presença angelical que o abraça. Enquanto essa energia gira em torno de você, comece a perceber que ela ilumina seu chakra da garganta. A cor azul vibra em torno de, dentro de e desde o seu quinto chakra. Você consegue vê-la na sua mente?

Respire.

A luz que você vê ao redor do chakra da garganta é a atual energia de manifestação que você está enviando. Ao olhar em volta da sala ou do espaço em que está sentado, lembre-se de que, com um esforço invisível, você criou energicamente tudo em seu mundo.

Esse azul suave que emana da sua garganta é a força da energia invisível que, à medida que você a fortalece e se torna mais consciente dela, transforma-se em uma poderosa ferramenta de manifestação vibracional. Observe onde está essa luz azul e a que distância ela se estende desde o chakra da garganta antes de dissipar-se.

A vibração azul atual é tudo o que você precisa para criar o que você tem em sua vida até este momento.

Essa luz azul é sua ligação com o espírito.

Você pode entrar nesse estado meditativo a qualquer momento, tomar seu desejo mais profundo, colocá-lo bem na sua frente, enviar a luz de manifestação do seu quinto chakra ao redor dele e enviá-lo ao mundo da criação.

É isso que os manifestadores experientes fazem de maneira subconsciente. Agora você sabe como realizar esse ato de forma consciente.

Permita-se aceitar o poder da sua energia do quinto chakra. Ao final, volte ao seu estado de consciência normal mais uma vez. Leve consigo a percepção consciente desse estado meditativo, podendo acessá-lo a qualquer momento.

QUINTO CHAKRA: SEU MAPA TEM AS RESPOSTAS

Por que não estou conseguindo o que tanto desejo?

Você pode estar criando bloqueadores de crenças internos, ou seja, uma resistência em um dos chakras que ocorre quando você cria uma crença para contornar outra.

Ao começar a trabalhar com estes princípios, você poderá descobrir que os resultados não são tão imediatos quanto esperava. É nesse ponto que recorremos à disciplina oriental e observamos os distúrbios dos nossos chakras como parte do nosso mapa em um determinado chakra, e não como uma situação sem saída.

Você está sempre atraindo a verdade de quem você é. Caso sinta menos do que isso, mesmo se repetir um milhão de afirmações, o que você deseja não chegará a você.

Sua realidade interior sempre manifestará a sua realidade exterior.

REVISÃO DIVERTIDA DO MAPA

Examine sua vida e identifique algum desejo que não tenha realizado. Em seguida, observe os chakras anteriores e verifique a que você pode ter estado fechado até o momento.

QUANDO O QUINTO CHAKRA ESTIVER PERTURBADO, OBSERVE O ANTERIOR

Infelizmente, se ignoramos o quarto chakra – ou seja, se ignorarmos o que acreditamos não estar trazendo bons resultados –, muitas vezes o que ignoramos volta ao nosso quinto chakra na forma de uma sensação de que alguém nos traiu.

O que procede do coração se expressa no mundo.

Se algo fica retido no chakra do coração, isso criará problemas de comunicação que podem se tornar mentiras e engano.

"Não atraímos o que queremos, mas o que somos."
– James Allen

Esse é o fluxo natural entre você e o que se manifesta em sua vida. Em essência, como disse Jung, a relação entre o mundo visível e o invisível é aceita como real ou então acaba nesse ponto.

UMA PERCEPÇÃO DO QUINTO CHAKRA

"A sincronicidade revela as relações significativas entre o mundo subjetivo e o objetivo."
– Carl Jung

CLAREZA DA MENSAGEM NÃO EXPRESSA

Ativamos o quinto chakra expressando uma intenção e ele começa a operar. Significa que ele envia energeticamente nossa exata expressão para o universo. E é ISSO que aparece em nossa vida. Essa é a lei da atração.

ESCREVA SOBRE O TEMA

Entre em Contato com o Seu Quinto Chakra pela Visualização / 7 minutos

No exercício com o quarto chakra, você criou uma lista de aspectos que lhe deram alegrias. Aqui, escolha uma situação que você gostaria que acontecesse em sua vida. Anote-a.

Escolha algo com que você esteve sonhando durante um longo tempo, quer você o tenha mencionado a outras pessoas ou não.

Veja mentalmente uma cena ativa da impressão que você teria se vivesse essa experiência na realidade do momento presente.

A beleza de ler isso é que não há pressão no momento; você pode fazer isso com calma, sem pressa. Se for difícil criar uma imagem em sua mente, relembre o sentimento que acende em você a chama da possibilidade e do entusiasmo, ou de outro sentimento que você esteja procurando. Coloque essa experiência ou esse sentimento à sua frente e mantenha essa energia por 17 segundos.

Reative o raio de luz azul que surgiu na meditação da garganta, e a cena ou o sentimento que você acabou de visualizar, e envie essa visão no raio de luz azul para a consciência universal ao seu redor.

Em seguida, relaxe. A vibração manifestada que você acabou de enviar do chakra da garganta requer apenas 17 segundos de cada vez. Ao aplicar essa visualização três vezes ao dia, você atrairá para a sua vida exatamente a experiência que pediu.

Escrever sua verdadeira intenção ajuda a solidificar o que faz seu coração cantar.

MANIFESTAÇÃO DA REALIDADE

Perspectiva do Antônimo

Há momentos em que as coisas aparecem na sua vida e não é exatamente o que você quer que aconteça. Por exemplo, uma jovem se dá conta de que está cansada de atrair homens que não têm tempo para ela. Ela muda sua intenção para alguém que está disponível e cria essa realidade. Infelizmente, o primeiro homem que ela atrai é desempregado de carteirinha.

Muitas vezes, quando algo assim acontece, a situação tem muito a ver com a necessidade de recuperar o que não nos foi dado quando crianças. Assim, no caso dessa mulher, os homens de sua vida haviam sido bem-sucedidos; apenas nunca prestaram atenção nela.

Usando o conceito de sinônimo e antônimo, você pode concentrar-se no sentimento que está tentando desesperadamente recuperar. Observe que usei a palavra *desesperado!* Ao descobrir sua profunda dor interior, você pode observar como está estruturando o que precisa curar. Cada um dos capítulos e histórias anteriores sobre os chakras trouxe você a este ponto de compreensão.

Dica: Você pode fazer uma das visualizações, meditações ou exercícios com qualquer chakra no momento que desejar. Como pôde ver na jornada que percorreu até aqui, alguns exercícios talvez se destaquem mais do que outros para você. Lembre-se de que é a sua experiência com os chakras que importa; por isso, você pode aplicar qualquer dos exercícios a um chakra diferente, se achar intuitivamente que ele será eficaz.

Principais Palavras e Frases Relacionadas ao Quinto Chakra

- **Palavras:** expressão, criação, manifestação, força de vontade, responsabilidade, escuta, conhecimento

- **Frases:** descubra seu objetivo, expresse sua verdade, defina sua intenção, sentindo-se deprimido, totalmente fiel, a mensagem que está sendo enviada é a que está sendo recebida?

MANIFESTAÇÃO DA INTENÇÃO

Considerando que você se manifesta a cada minuto, você pode simplesmente mudar de direção a qualquer momento. O quinto chakra oferece uma nova definição de liderança pessoal. Embora a disciplina esteja envolvida, não é necessariamente difícil; ela apenas exige intenção focada. Intenção focada é a chave.

Principais Ideias Sobre o Quinto Chakra

- Ignorar o que sabemos ser verdade é o que gera ressentimento com relação aos outros.
- As falsas crenças começam com o autoengano. Começamos sabendo que estamos manifestando nossa realidade.
- Devemos nos concentrar na verdade e na clareza para criar a realidade que desejamos.
- Conseguimos ver nossa agenda oculta nas palavras que escolhemos?
- A comunicação clara pode ser complicada, mas é vital ser disciplinado em dizer a verdade.
- Examine seus chakras anteriores e reveja sua realidade interior por essa lente.
- Às vezes podemos perder quem somos por acreditar em uma agenda oculta.

PRÓXIMO PASSO

Enquanto o quinto chakra revela a nossa verdadeira capacidade de manifestação, no sexto chakra veremos o que está incompleto com a nossa família de origem. O sexto chakra cria e mantém acordos familiares ocultos, nosso sexto sentido e a janela do nosso passado e do nosso futuro.

Acordos ocultos realizados podem repetir-se inúmeras vezes, se desconhecermos que expiraram.

Sexto chakra (índigo): Ajna

Lótus: 2 pétalas
Regência: glândula pituitária
Órgãos: olhos, seios nasais, ouvidos
Significado: além da sabedoria
Conceito Principal: mente universal
Tradução Ocidental: propósito, despertar espiritual
Cromoterapia Ocidental: mente subconsciente
Aspecto Kundalini: O despertar da vinculação espiritual e dos estados místicos da consciência superior. Este é o vidente que abriu a janela para a energia sutil do universo.
Ervas e Especiarias: *lavanda*. A lavanda é conhecida há muito tempo como calmante dos nervos. Como erva de proteção, resguarda a saúde pessoal e promove a clareza da visão intuitiva.

Distúrbios Físicos do Sexto Chakra

Temos os seguintes: dores de cabeça, problemas de visão, insônia, falta de clareza e diabetes. Os distúrbios físicos no sexto chakra aparecem em torno de questões como:

- prostração
- negação
- arrependimentos

Sugestões para Amenizar os Distúrbios Físicos do Sexto Chakra

No sexto chakra, temos a oportunidade de recuperar nossa confiança imergindo cada vez mais em nossa intuição – e ela se dirige a nós em mensagens crípticas.

Por exemplo, todos sabemos o que significa a palavra *confiança* (*trust*), não? E se eu lhe disser que ela tem também relação com a lei? *No Direito, um truste é uma relação* jurídica *em que bens (propriedade) são postos aos cuidados de uma das partes (curador) para benefício de outra parte (beneficiário).*

O que dizer se a sua intuição (sexto sentido) estiver cuidando da sua "propriedade"? Você sabia que, como atributo, propriedade significa poder? Assim, veja o que a sabedoria intuitiva do seu sexto chakra está fazendo para você: *O sexto chakra está cuidando do seu poder até que você esteja preparado para usá-lo.*

Você está preparado?

Problemas Pessoais do Sexto Chakra

Incapacidade de distinguir o seu futuro ou passado da vida ou do caminho de outra pessoa.

Um dos problemas que os sensitivos enfrentam é a dificuldade de saber onde eles terminam e o consulente começa. Pode ser um desafio pensar que sua sobrevivência depende de um vínculo energético, quando o contrário é que pode ser verdade.

Por exemplo, afastar-se de pessoas nocivas e de suas atitudes pode ser a maneira de realmente prosperar na vida.

Sugestões para Amenizar os Problemas Pessoais do Sexto Chakra

Policiais, militares, atendentes de setores de emergência, bombeiros e agricultores: cada categoria precisa aprender e dominar o seu ofício. Adquirido esse domínio, dirigem-se para seus locais de trabalho e põem suas habilidades em prática. Com o tempo, sua capacidade instintiva e intuitiva entra em ação, e eles deixam de consultar um livro ou de tentar se lembrar de cada passo, pois o estudo e a prática se transformaram em uma memória celular. A ideia de precisar acreditar em sua capacidade já se dissipou há muito tempo, e eles agora sabem como desempenhar sua função.

Assim, a ideia de que não confiamos ou seguimos nossa intuição pode ser descoberta simplesmente sabendo que aquilo em que mais nos concentramos revelará onde usamos nossa intuição, e nela confiamos.

Já tive uma artista de grande sucesso como cliente, mas ela invariavelmente duvidava da sua intuição porque fazia escolhas de relacionamento inadequadas. Todo o seu foco e desenvolvimento estivera em sua carreira. Depois de aceitar que sua intuição se orientava para uma área diferente, ela conseguiu concentrar suas energias no aperfeiçoamento de suas aptidões intuitivas para encontrar o parceiro certo. Hoje, com sua intuição solidamente desenvolvida, ela vive um relacionamento tão bem-sucedido quanto sua carreira.

CRISTAIS E PEDRAS DO SEXTO CHAKRA

- **Moldavita:** Acredita-se que essa pedra seja fragmento de um meteoro caído há mais de 14 milhões de anos. Sua frequência vibracional promove a transformação espiritual e a proteção psíquica.
- **Obsidiana negra:** Essa pedra é lava vulcânica resfriada; ela estimula o terceiro olho, possibilitando que você se abra ao seu mundo místico interior; também bloqueia mentiras, medos e ilusões.
- **Ametista:** Essa pedra semipreciosa ativa poderes intuitivos e psíquicos. Ela vibra frequências de cura para vícios físicos e é conhecida como um cristal de cura mente-corpo-espírito.
- **Fluorita púrpura:** Pedra semipreciosa púrpura (roxa), ela libera lembranças reprimidas que influenciaram a nossa vida e das quais podemos não ter consciência no momento.

COR DO CHAKRA: ÍNDIGO

Observe a cor índigo para imaginar o seu sexto chakra.

- **Atributos:** intuição, vidas passadas, acordos familiares ocultos, clareza de propósito.
- **Afirmação:** eu vivo em um mundo de imaginação intuitiva.
- **Impressão:** sensitivo.

O índigo representa as experiências do seu sexto chakra.

EVOLUÇÃO DO SIGNIFICADO

Algumas religiões sujeitam-se à ideia de que a capacidade psíquica e a intuição são fenômenos maléficos. Desse modo, o sexto chakra seria ignorado e passaríamos do quinto chakra da comunicação diretamente para a consciência de Deus do sétimo chakra.

A intenção do sexto chakra é revelar nossos dons e angústias pessoais à medida que descobrimos nosso verdadeiro propósito; depois, no sétimo chakra, nos conectamos à consciência de Deus e nos permitimos a felicidade de encontrar nosso verdadeiro objetivo: conhecer a Deus dentro de nós e dos outros.

> Em essência, seja como for que o entendamos, o verdadeiro propósito da evolução através dos chakras é encontrar a Deus.

À medida que um número cada vez maior de pessoas busca uma relação profunda com sua herança e, por fim, com o legado que deixarão, o sexto chakra se torna um ponto crucial em nosso mapa pessoal dos chakras, um ponto que esteve ausente. Quando reintegramos o sexto chakra na trilha da nossa evolução espiritual, descobrimos que a empatia pelos outros e por nós mesmos se restabelece.

NOSSA CAPACIDADE INTUITIVA

Sou natural de Nova York, e os antigos trens locais da IRT (Interborough Rapid Transit) que faziam a linha da Lexington Avenue nunca pararam na estação da 18th Street (em Manhattan) em toda a minha vida. Em 1948, eles fecharam a estação. No entanto, não fecharam a pista que passava por ela, embora os trens não parassem; ainda se pode ver a estação antiga. O trem para nas ruas 14 e 23, mas a estação da 18th Street permanece fechada.

A questão é que, pelo simples fato de não se usar algo, de fechá-lo ou de tentar esquecê-lo, ele não deixa de existir.

O sexto chakra existe em cada um dos nossos mapas internos. Significa que todos temos capacidade psíquica. O livre-arbítrio determina que podemos usar essa energia da maneira que escolhermos. Tudo o que você dominar em sua vida terá a marca do seu sexto chakra.

A nossa sabedoria intuitiva existe, independentemente de abrirmos ou não a estação.

INTERPRETAÇÃO MODERNA

O sexto chakra ainda hoje representa o que é excepcional e incompreendido e que a nossa mente racional ainda não apreende. Este chakra existe no mundo do misticismo e das dimensões empíricas. Esse mundo e essas dimensões são reais, bastando para isso que tenhamos a experiência deles.

HISTÓRIA DO ACORDO OCULTO

Esta é a história de um acordo oculto, de como descobri-lo e de como libertar-se dele.

> Acordos ocultos têm a característica de pular uma geração. Significa que, embora o comportamento dos nossos pais possa nos marcar, o ajuste para curar é com nossos avós.

Eu mal havia começado a trabalhar com acordos familiares ocultos e com a cura do sexto chakra quando uma mulher de uma importante agência de talentos me foi encaminhada por seu terapeuta. Conhecendo esse terapeuta, um dos melhores, eu sabia que havia aqui algo invisível. Ela estava disposta a tentar a cura dos chakras, conforme sugestão do próprio terapeuta.

A mulher, a quem chamarei de Annie, estava angustiada. Ela descobriu que mais um dos seus namorados a estava traindo, este um músico bem conhecido. Ela logo admitiu que parceiros infiéis eram o padrão para ela. Seu primeiro casamento terminou em divórcio depois das infidelidades do marido.

Seu segundo envolvimento com outro homem de destaque de Hollywood também terminou pelo mesmo motivo. E este era, em suas palavras, o "terceiro golpe".

Annie era uma mulher muito inteligente e, a bem da verdade, havia participado de centenas de trabalhos pessoais para quebrar esses padrões, mas nada dava resultado.

O caso era complicado. Os pais viviam um casamento feliz havia mais de quarenta anos. Na terapia, ela chegou à conclusão de que não havia razão para esse padrão e ficou duplamente frustrada porque os pais formavam um casal perfeito. Ela teve um bom exemplo de um casamento intenso e saudável.

Annie havia surpreendido todos os especialistas.

Segundo ela, casamentos felizes eram comuns na sua família. Os quatro avós foram bem casados por mais de cinquenta anos. A mãe do seu pai era a única avó viva. Annie admirava muito os sacrifícios que essa mulher havia feito, e as duas eram bem próximas.

A melhor amiga da avó havia perdido o marido durante a guerra. A avó insistiu para que a amiga morasse com eles até que ela conseguisse se recuperar. A amiga ficou com eles por quase 25 anos, até sua morte, que ocorreu pouco antes da morte do avô de Annie.

Pedi a Annie que obtivesse mais informações de sua avó. Totalmente decepcionada com a nossa sessão, ela chegou a sair mais cedo. Nunca imaginei que teria notícias dela novamente.

Duas semanas depois, ela estava sentada na minha frente. A avó admitiu que a mulher que morava com ela e o marido nunca foi sua melhor amiga. Era a amante do marido. O avô havia ameaçado a esposa que, se ela revelasse esse fato a alguém ou tentasse abandoná-lo, ele a machucaria. Então ela permaneceu sob o mesmo teto e viveu uma grande mentira durante todos aqueles anos.

Annie estava muito irritada e confusa com o que isso poderia significar para a vida dela.

É no sexto chakra que se localizam os acordos ocultos e onde podemos curar o sofrimento dos nossos avós. Impressa nas profundezas da nossa alma, temos a ideia de que, se nossos avós tivessem uma vida melhor, nossos pais teriam uma vida melhor e assim nós teríamos uma vida melhor.

O acordo oculto de Annie era curar as feridas da avó. Ela acabou se envolvendo com um homem infiel, descobrindo essa realidade e depois se afastando dele por vontade própria; sua avó nunca havia exercido seu livre-arbítrio. Isso começou a fazer sentido para Annie, enquanto ela se dava conta de que a avó não tinha profissão, mas insistia com Annie que seguisse uma carreira e em segredo guardava dinheiro para sua educação.

O padrão doloroso de Annie estava tentando curar o sofrimento que a avó sentia por não ter conseguido partir e por ficar presa a um casamento que não era verdadeiro.

Quando Annie tomou consciência desse padrão, ficou desesperada para mudá-lo.

A verdade é que a simples constatação de que o contrato está concluído, como no caso de Annie, faz com que o padrão se dissipe. No entanto, persiste a angústia e uma sensação de inquietação, porque queremos superar a situação.

A parte mais difícil aqui é não fazer nada, porque muitos não fizeram nada durante tanto tempo, que agora querem agir. No entanto, é nossa sina repetir o que ignoramos e, depois que você descobre do que se trata e o aceita, ocorre outra parada no mapa da sua vida.

Acordos ocultos também têm relação com os presentes que nossos avós nos deixaram. Quando tomamos consciência dos acordos que viemos aqui curar, nossos maiores presentes também se libertam.

> Observando a sua vida e identificando os momentos em que não alcançou o sucesso, você encontrará um acordo familiar oculto.

MEDITAÇÃO

Descoberta Intuitiva do Seu Propósito / 9 minutos

Ao ler esta meditação, entre no seu eu interior sábio. Respire fundo e visualize uma bela trilha na floresta.

Enquanto caminhamos juntos, desfrutando desse território desconhecido perfeito, sinta o seu sexto chakra ativando-se. Seu chakra da testa (frontal), que é o seu terceiro olho, está entre as sobrancelhas; desse espaço, enquanto você continua andando, eu o convido a tomar consciência do que você vê através desse terceiro olho.

Você pode ver o seu passado, o presente e o futuro. Nesta jornada de meditação, vamos olhar para trás e para dentro.

Reserve um momento e pergunte ao seu eu interior sábio qual é a sua maior amargura.

Ao perguntar, saiba que essa aflição pode se manifestar como um sentimento, uma imagem ou uma lembrança da atitude de outra pessoa.

Respire fundo e, ao expirar, faça emergir aquilo que tem sido sua maior tristeza.

Anote suas amarguras.

O que emergir conterá em si o presente que você recebe para compartilhar com o mundo.

Conserve o que você escreveu. Deixe que sua consciência preencha as lacunas no tempo. À medida que o seu trabalho com os chakras prosseguir, tudo se tornará mais claro.

EPÍLOGO

Certa vez, repassei esse conceito a um cético. Eu o convenci a expor suas angústias; depois de algumas conversas, ele concluiu que elas não eram dele, mas do seu avô cego. O avô, cujo maior prazer era assistir a filmes, havia perdido a visão em um acidente. Esse homem me contou como o avô encadeava as histórias descrevendo cada tomada, o que criou um vínculo muito forte entre os dois.

Você ficaria surpreso se eu lhe dissesse que esse homem acabou se tornando um editor de filmes premiado?

Quando fiz essa associação, ele reconheceu que o sofrimento do avô que ele amava era de fato um episódio traumático para ele, mas que acabou se tornando seu maior presente.

Às vezes é mais fácil prender-se à injustiça de uma situação – por exemplo, se esse homem tivesse odiado o fato de o avô perder a visão, ele poderia ter-se tornado um advogado e defensor de pessoas cegas. A raiva cria um motivador diferente do amor. AMBOS são válidos; a raiva não tem força menor do que o amor.

> ***Lembre-se: O modo como nos relacionamos com o problema***
> ***É o problema.***

Existe sempre uma angústia que opera como uma força motriz, estando em geral relacionada com o desenvolvimento do sexto chakra. Muitas vezes, será o que você assumiu como parte de sua identidade pessoal. Por exemplo, ter um irmão ou pai que exigiu cuidados constantes pode motivar alguém a se formar em medicina ou a se dedicar a práticas de saúde alternativas.

Toda aflição cria uma marca distintiva e, em nosso sexto chakra, sempre desenvolveremos nossas habilidades intuitivas de sobrevivência em torno das angústias que nos atingiram.

APLICAÇÃO DO SEXTO CHAKRA: SEU MAPA TEM AS RESPOSTAS

Este é o ponto onde podemos interromper nossa jornada, onde muitas pessoas param. Há uma falsa satisfação quando os sonhos não se realizaram. Há uma reconciliação com o passado que nunca é examinada ou assumida. Para alguns, a jornada termina aqui e eles não conseguem ir adiante.

> ***"A grande maioria dos homens leva uma vida de desespero silencioso. O que se chama de resignação não é mais do que desespero confirmado."***
> ***– Henry David Thoreau***

Isso ocorre porque o mapa terminou – e não está mais predeterminado para onde você irá a seguir. O que está fora do mapa é o destino a que você pode chegar quando se elevar do sexto chakra.

QUANDO O SEXTO CHAKRA ESTIVER PERTURBADO, OBSERVE O ANTERIOR

A intenção que você definiu e a mensagem que enviou ao mundo no quinto chakra em geral revelam sinais confusos ou emaranhados, inclusive em torno do porquê as coisas não resultam favoráveis para você. Isso pode acontecer inclusive como um bloqueio.

UMA PERCEPÇÃO DO SEXTO CHAKRA

No sexto chakra, deste ponto mais elevado do corpo físico, podemos perceber que de fato reunimos todas as nossas angústias e as transformamos em nosso verdadeiro propósito de vida.

> ***Contraponha o seu cérebro à sua intuição.***
> ***O cérebro é o caminho seguro; a intuição é o desconhecido.***

A intuição habita o nosso sexto chakra. E a maioria das pessoas procura saber a diferença entre o cérebro e a intuição. Como seu cérebro está sempre tentando mantê-lo seguro, ele o induzirá a repetir um padrão conhecido antes de deixá-lo aventurar-se no desconhecido.

> ***Intuição é a chave.***

Um dos aspectos a se observar é que todo desconforto e os problemas que as pessoas compartilharão com você em relação aos bloqueios nos chakras são de fato indicadores do nosso cérebro tentando desativar a nossa intuição.

EXERCÍCIO INTUITIVO

Perspectiva do Antônimo

Existe uma palavra, frase, sinônimo ou antônimo que você possa aplicar à sua aflição? Vá em frente e acrescente-a à lista de agravos que você compôs. Consulte no dicionário o significado da palavra ou palavras que você escolheu.

PRINCIPAIS PALAVRAS E FRASES RELACIONADAS AO SEXTO CHAKRA

- **Palavras:** intuição, *insight*, inspiração, clarividência, visualização, misticismo, clareza, percepção
- **Frases:** percepção extrassensorial, confie em sua intuição, habilidade psíquica, acordos familiares ocultos, sabedoria interior, habilidades psíquicas, inteligência emocional

MANIFESTAÇÃO DA INTENÇÃO

Depois de definir a experiência (ou o sentimento) que você deseja criar, anote-a, visualize-a por 17 segundos e em seguida envie-a para o universo através da luz índigo. Se ela ainda se evadir, observe sua aflição pessoal ou os acordos familiares ocultos que ainda podem habitar na energia vibracional mais baixa do sexto chakra.

PRINCIPAIS IDEIAS SOBRE O SEXTO CHAKRA

- Nosso sexto chakra tem a chave para o direcionamento da nossa intuição.
- Você já está vivendo o seu propósito ou então ele está oculto nos seus chakras.
- A dúvida com relação a si mesmo é uma função do cérebro e, na verdade, não existe em nossa intuição.
- Se todo estado é um transe, que sensação produz o transe da sua intuição?

- Nunca recuperamos realmente um eu perdido; descobrimos o aspecto de nós que nunca conhecemos.
- Se não manifestamos o que desejamos profundamente, talvez haja um acordo oculto que não vemos.

PRÓXIMO PASSO

Se temos coragem para lidar com as questões do sexto chakra, que envolvem dor, dificuldades e cura, essa coragem é recompensada quando nosso presente é enviado ao universo. O que recebemos em retorno são oportunidades muito além do que havíamos imaginado.

No próximo e último capítulo, veremos o que acontece na energia do chakra da coroa e conheceremos a verdade sobre o legado.

Sétimo chakra (violeta ou neutro): Sahasrara

Lótus: 1.000 pétalas

Regência: sistema nervoso

Órgãos: glândula pineal

Significado: pura consciência

Conceito Principal: intuição

Tradução Ocidental: ideias universais

Cromoterapia Ocidental: expansão

Aspecto Kundalini: Intimidade (VER-DENTRO-DE--MIM) com o divino. Despertamos para o amor que o universo tem para nos dar, e nos envolve com amor. Isso é felicidade absoluta. Nirvana.

Ervas e Especiarias: *valeriana*. Embora conhecida como sonífero, a valeriana também é usada para abrandar os batimentos cardíacos e restabelecer as energias físicas.

Distúrbios Físicos do Sétimo Chakra

Contam-se aqui: mal de Parkinson, Alzheimer, paralisia, epilepsia, esclerose múltipla e câncer. Curiosamente, as doenças do sétimo chakra serão:

- doenças universalmente não resolvidas
- atribulações em geral conhecidas
- enfermidades que nos levam a depender de terceiros (de forma ocasional ou permanente)

Sugestões para Amenizar os Distúrbios Físicos do Sétimo Chakra

Todos esses distúrbios físicos inspiram a ideia de que é fundamental dar-se conta de que você não está sozinho e encontrar outras pessoas que participem dessa experiência. Grupos de apoio são um dos recursos mais propícios para se relacionar com uma consciência maior – lembre-se de que talvez não diga respeito a você, mas à pessoa sentada ao seu lado.

Problemas Pessoais do Sétimo Chakra

A incapacidade de se relacionar com o chakra da coroa pode indicar falta de conexão e empatia pelos outros. Essa experiência é muito diferente daquela de se sentir separado.

A falta de conexão é uma energia estagnada que quase sempre ocorre quando ressentimentos familiares pendentes se mantêm ativos no sexto chakra, impedindo uma união verdadeira com o divino.

Sugestões para Amenizar os Problemas Pessoais do Sétimo Chakra

O sétimo chakra nos põe em contato não apenas com a consciência superior, mas também com os temas universais que promovem a união de todos nós. É abrindo-nos à relação com o universo, Deus, Deusa, Poder Superior, que suavizamos quaisquer sentimentos desajustados. Esse é um dos aspectos mais fortalecedores do sétimo chakra, como um lembrete de que estamos aqui para entrar em comunhão com o divino, uma realidade que nos está disponível a qualquer momento.

CRISTAIS E PEDRAS DO SÉTIMO CHAKRA

- **Selenita:** Essa pedra limpa as energias congestionadas, eleva a consciência a planos superiores, impele a avançar na vida e ajuda a remover a estagnação.
- **Quartzo transparente:** Essa pedra potencializa a energia, aumenta a acuidade espiritual e expande a consciência. Usada para comunicação com os guias, estimula a clareza e as habilidades psíquicas.
- **Ametista:** Essa pedra semipreciosa facilita a meditação e a compreensão da causa raiz do desequilíbrio ou da doença; ajuda a revelar padrões autodestrutivos do ego e é usada para tratar e reformular padrões de comportamento viciados.
- **Diamante:** Essa pedra preciosa possibilita o acesso às energias divinas, favorece a ligação com esferas superiores e promove a verdade e a visão.

COR DO CHAKRA: VIOLETA OU NEUTRA

- **Atributos:** equilíbrio, harmonia, fraternidade, esperança, crescimento, cura, amor, paz, prosperidade.
- **Impressão:** iluminação.

Pode ser mais fácil imaginar luz violeta ou branca do que imaginar seu sétimo chakra.

EVOLUÇÃO DO SIGNIFICADO

Tons neutros e sua relação com o espírito são atributos do sétimo chakra; por isso, embora a cor possa ser violeta no espectro do arco-íris, ela se situa no reino do espírito, que é neutro.

O sétimo chakra é o chakra da unificação. A chegada a esse ponto em uma prática com os chakras produz felicidade total, ou seja, paz interior. Nas práticas originais com os chakras adotadas pelos monges, o único objetivo era unir-se e manter-se unido a Deus.

A cultura dos anos 1960 apregoava a alienação como meio para entrar em sintonia. Artistas como Janis Joplin, Jim Morrison e Jimi Hendrix (e centenas de outros) usavam drogas para chegar à consciência de Deus que aqueles que adotavam o processo disciplinado da evolução dos chakras alcançavam.

O movimento para encontrar o que criava o nirvana naturalmente levou à cura pelas cores, e logo os chakras ganharam impulso. O inconsciente tornou-se uma experiência consciente e um verdadeiro sentido de união.

Na evolução para a cultura ocidentalizada, questionou-se: *Por que estou aqui?*

A simples verdade é que seguir um caminho relacional como a lei da atração ou manifestar os seus desejos é uma parte significativa da magia dos chakras para muitos.

Entretanto, a felicidade sustentável deve proceder de uma verdadeira intenção de evoluir através dos nossos problemas humanos para o reino mais alto, onde podemos retribuir. Esse é o objetivo de apreender o verdadeiro poder das energias que você tem dentro de si.

Elevar-nos ao nosso sétimo chakra não é a mesma coisa que pular etapas vitais para alcançar a felicidade disponível.

INTERPRETAÇÃO MODERNA

Grande parte do material hoje escrito descreve os chakras; não obstante, a interpretação moderna exige que você viva a experiência desses chakras.

Embora muitas pessoas procurem resolver seus problemas nos três primeiros chakras, o desafio de fazer isso é enorme, pois a disciplina dos chakras espirituais é necessária para realmente criar uma harmonia duradoura.

Muitas vezes voltamos nosso olhar atento ao nosso próprio cavalo de Troia mítico, pois pode ser um desafio ver o que está oculto em um padrão destrutivo. Usando seu mapa dos chakras, você pode começar a usar seus bloqueios para construir sua vida, em vez de interrompê-la.

De muitas maneiras, o sexto chakra tem a função de testemunhar nossas angústias e de descobrir nosso propósito. O chakra da coroa é a verdadeira ascensão à consciência de Deus – vivendo o legado que viemos cumprir aqui.

Isso é verdade quando revisitamos outra história sobre acordos ocultos, só que desta vez testemunhamos um propósito emergindo da neblina.

VIVA O SEU PROPÓSITO – UMA HISTÓRIA

Alguns anos atrás, quando eu atendia clientes para cura dos chakras, uma terapeuta muito conhecida encaminhou seu marido para mim. Ela já não sabia mais o que fazer, pois ele estava prestes a perder sua terceira empresa. Cada vez que ele criara uma empresa do zero, ganhara dezenas de milhões de dólares, mas, em questão de meses, simplesmente acabara com ela.

Com filhos pequenos, ela se cansara de perder tudo e depois vê-lo reconstruir. Depois de brigas intermináveis, terapia e sua própria consciência elevada, ela finalmente se convenceu de que o problema estava além de sua capacidade no momento.

Assim, lá estava eu, sentada diante de Nick, um homem brilhante, charmoso, obviamente inteligente e ótimo marido. Ele adorava os filhos, amava a esposa e, se não fosse por esse pequeno detalhe, tudo na vida deles seria perfeito, de acordo com a esposa.

Embora tivesse algum interesse em resolver a situação, ele considerava sua atração pelo risco como parte do sucesso. Ele também admitiu que em algum lugar dentro dele sabia que havia ido longe demais sempre que perdera tudo.

Um grupo de interessados ofereceu 52 milhões de dólares por sua empresa; ele recusou, dizendo que ela valia mais. Avaliando que não havia outros concorrentes, o grupo voltou com uma oferta de 36 milhões de dólares.

Ele ficou furioso e novamente se recusou a vender a empresa.

Quando o conheci, o mesmo grupo, quase desistindo, acabara de apresentar uma última proposta no valor de 19 milhões de dólares.

Nick quase enlouqueceu: "Estão tentando me matar, mas provei-lhes que vou sobreviver".

Vendo tudo isso de fora, você teria de dizer que esse cara é um idiota. Embora muito abaixo das expectativas, a cifra de 19 milhões de dólares era melhor do que perder a oportunidade do negócio.

Perguntei-lhe sobre essa alternativa, e ele acenou com a mão no ar: "Você não devia me acudir com essas coisas de chakra ou algo parecido?".

Nick era uma pessoa objetiva, então lhe perguntei qual dos seus avós havia perdido tudo.

Fora o avô paterno. Como a minha pergunta o pegara de surpresa, ele continuou dizendo que "nunca conheceu o avô, que foi um daqueles que se atiraram pela janela durante a Grande Depressão por ter perdido tudo".

"Então ele era rico?"

"Ah, sim, meu pai passou de uma vida com empregados à disposição quando tinha 3 anos de idade para uma vida sem sapatos e morando em uma fazenda arruinada. Meu pai nunca se recuperou."

O acordo oculto que me veio do sexto chakra foi com esse avô. Para curar seu pai, Nick perderia tudo, provaria que não precisava se matar e sobreviveria.

Sua própria escolha de palavras, que eles "não iriam matá-lo", foi o indicativo do que procurar.

> ***Você se lembra? Nossa maior angústia se torna nosso propósito, em geral presente em um acordo oculto em nosso sexto chakra.***

Nick aceitou que estava procurando ajudar o pai ao tentar resolver o problema criado pelo avô na família.

No caso, Nick vendeu a empresa por 19 milhões de dólares. e começou a trabalhar com pessoas que perderam um ente querido por suicídio. Ao me procurar, e descobrir o que veio curar, ele encontrou seu verdadeiro propósito.

QUANDO O SÉTIMO CHAKRA ESTIVER PERTURBADO, OBSERVE O ANTERIOR

Padrões repetitivos podem impedir a ascensão ao sétimo chakra da coroa, que é a nossa felicidade pessoal. A história de Nick ilustra o que acontece quando concluímos um padrão, também conhecido como "bloqueio".

Por que, então, não o chamar de "bloqueio"? Você se lembra do uso da palavra *abandono* na história do terceiro chakra? Quando a mulher descobriu o sentido que atribuía à palavra *abandono*, pela simples observação da situação, em vez do seu próprio sentimento, ela percebeu que de forma alguma se tratava de abandono.

Você vê como os obstáculos se modificam com maior facilidade quando os relacionamos com a vida real, em vez de ficar elucubrando sobre eles?

O jargão tem seu lugar, certamente. E a linguagem comum favorece a comunicação, mas tentar "recuperar-se" de algo pode significar ignorar uma parte vital de quem você é.

A evolução dos chakras está relacionada à integração das suas experiências de vida, não ao seu afastamento. Todos os elementos são úteis na conscientização dos chakras. Cada parte da sua história é o seu mapa, o que pode criar uma magnífica tapeçaria da sua jornada.

À medida que nos afastamos da ideia de que precisamos "resolver nossas angústias", podemos transformá-las no combustível que se torna nosso propósito. Esse é o verdadeiro poder do sétimo chakra.

O SÉTIMO CHAKRA É ASCENSÃO

"Ninguém se torna iluminado imaginando figuras de luz, mas sim tornando a escuridão consciente."
– Carl Jung

A experiência do sétimo chakra é o júbilo da respiração clara. As portas do sétimo chakra se abrem naturalmente por meio da dor e das dificuldades emocionais que enfrentamos no sexto chakra. Quando entramos na nossa própria noite escura da alma, ou no verdadeiro legado que recebemos, bem como nos sofrimentos dos nossos ancestrais, e não nos ressentimos mais por terem sido quem foram, esse é o momento em que acendemos a nossa tocha olímpica pessoal.

MEDITAÇÃO

Revisão da Nossa Jornada / 4-8 Minutos

Se você aprendeu alguma coisa sobre os chakras em nossa jornada juntos, foi apenas porque viveu uma experiência concreta. Um dos aspectos reveladores da nossa sociedade moderna é que muitas vezes descartamos nossas experiências como pouco valiosas, a menos que tenhamos algo tangível para mostrar.

Como você já sabe, leia esta meditação com olhos serenos. Lembro-lhe que o que você aprendeu intuitivamente pode não se traduzir neste momento em algo tangível. O resultado final no trabalho com os chakras é um estado de paz interior.

Comecemos pelo princípio.

Respire fundo, atraia a luz branca e entre no estado familiar da sua sabedoria interior dos chakras com a qual você percorreu sua jornada neste livro.

Começamos com a história do nosso chakra da raiz. Você se lembra da história? As duas árvores: uma recebeu o gelo necessário para o seu crescimento; a outra ficou abandonada. Nesse momento, tome consciência das suas raízes: elas cresceram? Quanto cresceram?

Onde elas se encontram neste momento?

Respire.

Na segunda história do chakra, uma mulher se recusava a perdoar os pais. Embora não os tenha perdoado, ela descobriu que eles a amavam profundamente. O que fora objeto de toda a sua atenção deixou de ser importante quando seu segundo chakra sentiu a emoção do amor verdadeiro. Conscientize-se do seu acesso agora ao segundo chakra dentro de você. Você se lembra do momento em que apenas o chamamos de cor laranja? Ele agora está vivo dentro de você.

Respire.

No terceiro chakra, você se concentrou no amarelo. A história foi a de uma mulher que viveu na convicção de que a mãe a abandonara. Seu terceiro chakra do instinto a levara vezes sem conta a esse sentimento. Quando realmente entramos na experiência desse sentimento, que era sentido em seu segundo chakra, seu terceiro chakra alterou o significado de abandono para proteção. Apenas alterando o significado que ela atribuíra a um sentimento, toda a sua vida mudou. Nesse momento, convido-o a entrar no seu plexo solar, esse espaço de sobrevivência, decisões, luta ou fuga. Você consegue sentir o poder nesse ponto? Imagine que aquilo que hoje chamamos de centro é a verdadeira utilização dos nossos pensamentos e planos terrenos e a direção que escolheremos para nossa vida.

Respire fundo enquanto entramos no quarto chakra. A história aqui foi a de uma garota que queria uma panificadora. Você se lembra? Você se lembra que ela queria recuperar o sentimento a que não precisava mais se apegar? Ao desistir do sonho, ela descobriu seu destino. Essa é a verdadeira abertura do nosso chakra do coração. Convido você a entrar nesse sentimento neste momento e ser testemunha da luz brilhante que habita em seu coração.

Respire, pois agora entraremos no quinto chakra. Você se lembra da luz azul da calma? Na história, a atriz com sua agenda oculta muito forte atraiu essa luz de modo direto e instantâneo. Você consegue ver agora o que pode ocorrer quando não nos comunicamos inspirados por nossa intenção mais elevada possível no quinto chakra? Você pode também aceitar aqui a ideia de que ela alcançou seu objetivo de ser uma grande atriz? Porque um objetivo, afinal, é quem nos tornamos no processo de alcançá-lo. Ela criara uma situação inautêntica porque essa era a comunicação de quem ela era. Se ela viu ou não essa informação não é tão importante quanto você vê agora.

Entre no seu quinto chakra e compreenda que não podemos salvar os outros do destino que eles mesmos criaram. Respire.

No sexto chakra, encontramos Annie. Você se lembra dela? Ela passou a vida procurando o amor e tinha todas as condições necessárias para encontrá-lo. No entanto, tratava-se de um acordo oculto de curar alguém que só poderia ser concluído se ela descobrisse qual era o segredo. Depois de se dar conta de que esse padrão fora criado por uma relação muito intensa com a avó, tudo mudou. Respire nesse momento e tome consciência dos sentimentos que estão em seu corpo. Ao tomar consciência desse sentimento talvez agitado, convido-o a aceitar que esse desconforto é tão somente parte do processo. Não faça nada. Apenas saiba que você tem tudo o que precisa para curar a si mesmo e a quaisquer acordos herdados. Essa energia de desconforto pode ser uma amiga muito familiar quando você compreende que é exatamente isso que os yogues sentiam ao levar respiração e som aos locais que deles precisavam. Prossiga, solte os ombros e perceba que você está pronto para um trabalho mais avançado com seu chakra.

E, finalmente, a história em torno do fato de que a descoberta do propósito de cada um se dá realmente por meio do sofrimento. Quando nos detemos na história de Nick – que tentava provar que podia sobreviver perdendo sua fortuna, quando seu avô não conseguiu sobreviver – podemos concluir que a cura ocorreu, o acordo foi concluído. Ao respirar, eu gostaria que você tomasse consciência da ideia de que, ao enfrentar os seus sofrimentos, concluir acordos e percorrer a sua jornada dos chakras – vivendo seu propósito no auxílio a outros enquanto cumpre o seu percurso –, esse é verdadeiramente o nirvana com que fomos agraciados nesta jornada.

APLICAÇÃO DO SÉTIMO CHAKRA: SEU MAPA TEM AS RESPOSTAS

É aqui que a nossa jornada ocidental termina. No entanto, não chega ao fim, não é? Para os nossos propósitos, não vamos além do sétimo chakra neste livro. Por isso, ao chegar neste ponto, começamos novamente com o chakra da raiz, com mais consciência do que antes.

EXERCÍCIO – DESENVOLVIMENTO DOS CHAKRAS

Perspectiva do Antônimo / 3 minutos

Empregando uma das palavras ou frases principais abaixo, escreva três frases sobre você mesmo. Você DEVE fazer isso rapidamente.

Observação: Se quiser, você pode usar um sinônimo ou antônimo de uma determinada palavra – DIVIRTA-SE!

1. Quem você era quando começou este livro.
2. O que você descobriu sobre os seus chakras.

3. Qual é o seu grau de interesse pessoal agora em aprofundar o estudo dos chakras.

Principais Palavras e Frases Relacionadas ao Sétimo Chakra

- **Palavras:** universal, consciência, verdade, comunicação, lealdade, serenidade, fé, espiritualidade, criatividade, expressão, propósito, bem-aventurança, nirvana
- **Frases:** relacionando-se com o espírito, ideias universais, envie sua intenção ao universo, consciência de Deus

MANIFESTAÇÃO DA INTENÇÃO

Esta é a energia da consciência de Deus. Agora você está na presença de sua própria consciência ascendida. O resultado é sempre este.

PRINCIPAIS IDEIAS SOBRE O SÉTIMO CHAKRA

- Mais do que ler sobre os chakras, você os sentiu.
- A cura dos chakras necessita da disciplina da respiração através de sentimentos complexos.
- Ao terminar *Os Chakras*, você descobriu que aprendeu mais do que imaginava.
- Os medos surgirão continuamente, mas o problema é como você se relaciona com o problema.
- A conexão com a sua consciência de Deus interior está viva dentro de você por meio dos chakras.

- A conexão com o passado existe na sua própria linhagem – a memória celular é real.
- Se estamos todos interligados, você só precisa ser lembrado dos seus chakras, não ensinado.

PRÓXIMO PASSO

Lembre-se, depois de chegar ao sétimo chakra, voltamos ao primeiro chakra da nossa roda. As rodas dos chakras dentro de nós estão sempre em movimento. Eles nos lembram que nunca estamos imóveis, perdidos ou bloqueados. Mesmo quando nos sentimos bloqueados, temos o mapa como um caminho para entender onde estamos.

Etapa seguinte: Breve recapitulação

Vamos dar um rápido giro em torno da roda para relembrar o que observar e destacar no mapa quando algum contratempo surgir em nossa vida:

PRIMEIRO CHAKRA: VERMELHO

Crenças – quando tiver de questionar uma crença, concentre-se neste chakra e pergunte-se: Essa crença provém da minha família de origem?

SEGUNDO CHAKRA: LARANJA

Emoções – diante de sentimentos e emoções fortes, ou de explosões incontroláveis, lembre-se:

Se é histérico, é histórico. Observe o chakra anterior para descobrir de onde procede a crença que criou a necessidade de um excesso emocional.

TERCEIRO CHAKRA: AMARELO

Instinto – como todos nós estamos equipados para a sobrevivência, quando pensamentos sombrios ou de desesperança influenciarem a sua vida, identifique a emoção que os provocou.

QUARTO CHAKRA: VERDE

Amor – como o chakra que divide nossas experiências físicas e espirituais na vida, o quarto chakra é com frequência o centro negligenciado da compaixão. Quando você não aceitar a si mesmo ou se perceber em um estado antagônico ao amor, volte-se para o chakra do coração e aplique o filtro do amor às suas circunstâncias.

QUINTO CHAKRA: AZUL

Comunicação – qualquer coisa que enviamos ao universo – nossas vibrações, nossas palavras, nossos pensamentos, nossas intenções, nossos desejos mais profundos e nossos ressentimentos: todas essas expressões são filtradas pelo quinto chakra. Quer nos expressemos por palavras ou por gestos e sinais, estamos em comunicação constante. E lembre-se: o universo refletirá o que enviamos. Muitas vezes ele entrará em sintonia com a nossa energia e a devolverá para nós multiplicada.

SEXTO CHAKRA: ÍNDIGO

Nosso sexto sentido reside aqui e contém nossas visões, intuições e, sim, fenômenos psíquicos. Neste chakra perceberemos que padrões dolorosos estão diretamente relacionados à nossa comunicação repetitiva com o mundo, quer estejamos cientes ou não. A revisão da mensagem que você envia através do quinto chakra começará a revelar o que talvez você precise curar.

SÉTIMO CHAKRA: VIOLETA OU NEUTRO

Como já mencionei, o sétimo chakra é uma consciência universal e por isso contém em si o poder da consciência de Deus e dos acordos universais. Quando consideramos celebridades ou pessoas que, por um motivo ou outro, conhecemos bem, algo nessa pessoa tem valor para nós, segundo o acordo universal. Para dissipar qualquer possível dúvida, valor não quer dizer que aprovemos essa pessoa – como o espírito é neutro, pode acontecer que muitos a odeiem, amem ou não sintam nada por ela, mas apenas a conheçam. Pelo acordo universal, as pessoas têm algum tipo de reação ao que está na consciência universal.

Ao deslocar-se em torno da roda, você passou a perceber porções de cada chakra e como ele se relaciona com você. Lembre-se de que essa é apenas a abertura para os conceitos e ideias modernos dos chakras.

A lição mais importante que posso deixar-lhe em termos de chakras é esta: Somente você pode saber se algo é verdadeiro para você, após constatar se o chakra ressoa ou não em você e apresenta resultados.

O seu mapa dos chakras contém tudo o que você resolver incluir nele. Só você pode decidir o que criar e para onde ir com a sua criação.

Centramento *versus* equilíbrio dos chakras

Observe que eu não disse: *equilíbrio dos chakras!*

De certa forma, a ideia de equilíbrio é um conceito avançado que afirma que você já sabe o que são os chakras e viveu a experiência deles.

Eu uso a palavra *centramento* para destacar que você e seus chakras estão sempre em ritmo perfeito com sua vibração energética. Quando nos sentimos desordenados, desconectados ou desfocados, centrar-nos é uma forma de voltar ao alinhamento pessoal.

Eu gosto de começar com a ideia de centramento com o significado de estar imerso em seu próprio centro. Quando você tem um encontro consigo mesmo no lugar onde está, você sempre conhecerá os seus chakras.

Por exemplo, um médico alemão determinou há muito tempo que 37 °C era a temperatura normal para o corpo humano.

Adivinha? Nada poderia estar mais longe da verdade! Embora muitas pessoas usem esse valor como parâmetro para determinar quando estão em desequilíbrio físico, para algumas o número pode ser 36,1 ou 37,3.

Quando você se propõe a equilibrar os chakras sem antes identificar o seu grau pessoal normal, está tomando como referência um conceito que pode não se aplicar ao seu caso.

É por isso que só começamos com a ideia de equilíbrio depois de você sentir o comportamento do SEU centro dos chakras.

SONS DOS CHAKRAS

Se você já participou de uma aula de yoga moderna, é provável que tenha trabalhado com o conceito de respiração controlada e som vibracional. À medida que a respiração e o som ressoam através do nosso corpo, eles criam uma mudança de estado ou transe de paz. Cada chakra contém velhas ideias, medos e nossa energia mais elevada. À medida que trabalhamos com o som, liberamos as endorfinas desses chakras (se você quiser), criando um local de escolha.

SONS DOS CHAKRAS: ENCONTRANDO SEU TOM VIBRACIONAL DOS CHAKRAS

Comecemos com os sons simples de cada chakra como ferramenta para sentir o centramento. Algumas ideias a ter em mente:

- O som vibracional do chakra é uma ferramenta para sentir calmamente cada chakra.
- Cada chakra tem um som que vibra através dos centros de vocalização e direciona paz e centramento para esse chakra.
- Não existe uma maneira errada de fazer isso. Se você ficar confuso sobre a pronúncia do som, procure um exemplo *on-line*.
- Cantar em voz alta direciona o foco para qualquer chakra quando você usa o som associado a ele. Essa é uma maneira de experimentar cada um deles.

DIFERENÇA ENTRE ESTAR CENTRADO E NÃO CENTRADO

As vogais têm um tom melódico que vibra em uma frequência que nós, em nossa língua nativa, podemos entender. Esta é a melhor maneira de descrever a experiência de estar centrado em seus chakras. Quando estamos sincronizados com outra pessoa, sentimo-nos alinhados. Abaixo estão alguns exemplos de alinhamento de comunicação.

Você já:

- terminou uma frase de um amigo ou de alguém que você ama?
- soube quando alguém lhe telefonaria e de fato telefonou?
- quis a mesma comida ao mesmo tempo que um colega?

Dizemos que isso é estranho, coincidência ou algo legal. Entretanto, é também um exemplo de como o alinhamento acontece.

Quando você *não está centrado* em seus chakras, a sensação pode se assemelhar a:

- ficar incomodado sem motivo
- achar que os outros não "o entendem"
- dependência: precisar de algo externo para amenizar uma inquietação interna
- sentir-se profundamente infeliz ou perdido na vida

O centramento dos chakras é, portanto, uma maneira de deter a influência externa e ver onde você se encontra em qualquer dado momento, e ainda de recuperar o equilíbrio interno usando o SEU termostato pessoal para definir seu centro. Você pode então trabalhar com conceitos mais avançados do significado de equilíbrio para você.

O SOM DOS CHAKRAS

Antes de ouvirmos o som, lembre-se que os acentos alteram as vogais! Use o que está aqui como orientação. Verifique na sua língua materna os sons apropriados a emitir. Sim, os chakras têm uma linguagem universal; no entanto, fundamental é o que ressoa para você, e a maneira que descrevo pode produzir um som diferente no seu idioma.

Cada chakra tem a mesma ressonância como UM. Embora esteja escrito AM, imagine dizer "UM" com cada vogal que apareça.

Assim, LAM é "LUM", VAM é "VUM".

Repetimos essa entoação para possibilitar que o corpo se alinhe com o modo como o som ressoa para você.

Em português, os sons dos chakras são os seguintes:

- LAM - chakra 1 (raiz)
- VAM - chakra 2 (sacro/umbigo)
- RAM - chakra 3 (plexo solar)
- YAM - chakra 4 (coração)
- HAM - chakra 5 (garganta)
- OM - chakra 6 (terceiro olho/testa)
- OM/AUM/SHAM - chakra 7 (coroa)

À medida que se sentir mais à vontade identificando sua ressonância interna em cada chakra, você encontrará naturalmente o seu centro. Mais adiante você pode resolver se o trabalho com o equilíbrio dos chakras lhe traz bons resultados.

Meditação matinal com o arco-íris dos chakras

Dica: A respiração é importante no início de cada meditação. Nós a fazemos para atrair e conservar a energia que nos sustenta – sendo especialmente salutar em momentos difíceis.

Comece com uma respiração; inspire a energia limpa ao seu redor, retenha por 5 segundos e. . .

Expire.

Ao expirar com vigor, imagine liberar para o universo tudo o que você não precisa. É como lavar uma xícara de café; você pode inspirar e expirar várias vezes e parar quando sentir que chegou ao centro.

Essa visualização meditativa simples é uma maneira divertida de realizar uma prática intuitiva diária com os chakras.

A sabedoria dos seus chakras ressoará com uma dessas energias, e essa será a energia com que você irá trabalhar durante o dia ou então à noite para relaxar, momento em que ela se dissipa.

A MEDITAÇÃO

Com os olhos abertos ou fechados, inspire lenta e profundamente e expire tudo o que você não precisa para o espaço à sua frente. Visualize uma energia de luz branca descendo em espiral dos céus e entrando no espaço que você ocupa.

Ao relaxar nessa luz, observe o seu novo estado interior – o de poder ver com os olhos da mente.

Imagine sete portas à sua frente. A primeira porta à esquerda é vermelha e vibra com o primeiro chakra.

A porta à direita dessa é laranja e vibra com o segundo chakra.

A próxima porta à direita é amarela e vibra com o terceiro chakra.

A quarta porta, diretamente à sua frente, no centro, é verde e emite a energia do quarto chakra.

À direita está uma porta azul, que ressoa com o quinto chakra.

A próxima porta à direita é um azul índigo, que combina com o sexto chakra.

E a última porta à sua direita é o sétimo chakra, com uma luz branca violeta que se une à consciência universal.

Dê um passo para trás, inspire e deixe-se levar para a primeira porta que o chama.

Dica: Recomendo que você fique com a primeira opção que aparecer. A primeira opção é em geral a sua intuição falando com você; a segunda opção é seu cérebro imaginando o que sua sabedoria intuitiva está lhe dizendo.

Imagine abrir a porta e entrar na bela luz do chakra que você escolheu. Sua escolha despertará o chakra correspondente e lhe possibilitará relacionar-se com os pensamentos e ferramentas espirituais correlatos a usar ao longo do dia que está iniciando.

QUE CHAKRA VOCÊ ESCOLHEU HOJE?

Você Escolheu o Primeiro Chakra (Porta Vermelha)?

Respire e sinta a força das raízes que sustentam quem você é.

Hoje examinaremos os fundamentos que você escolheu para si mesmo. Você está construindo sobre velhas crenças familiares ou está estendendo suas raízes a um novo paradigma de existência? Para ter a experiência plena do primeiro chakra, vejamos o que significa estar ou não alinhado e observar a experiência correspondente.

Sinais de Alinhamento

- manter-se firme
- estar disposto a crescer e aceitar novas ideias
- acessar uma nova plataforma e oferecer auxílio

Desalinhado

- contrariar as próprias ideias
- pôr em risco a própria integridade
- aparentar querer algo que você não quer
- oferecer algo em que você não acredita

> **Dica:** Lembre-se: o que se opõe se expõe; sempre que se sentir desalinhado, você pode simplesmente criar a energia oposta consultando um dicionário e escolhendo um antônimo sobre o qual se concentrar à medida que entra no estado dessa nova energia.
> **Dica Opcional:** Durante 30 segundos, produza sons vibracionais com os chakras para energizar sua intenção para o dia.

Você Escolheu o Segundo Chakra (Porta Laranja)?

Se você atravessou a porta laranja, o segundo chakra regerá o seu dia. Quando as nossas emoções estão no comando, é comum serem influenciadas pela energia básica anterior do chakra vermelho. Assim, para dar sustentação e vigor à sua energia emocional, inspire luz laranja e observe a sensação dessa energia ao vibrar internamente.

O chakra laranja é uma energia em movimento, sensual e, de certa forma, emocionalmente exigente. A energia pode ser contida pela disciplina do segundo chakra, ou pode dissipar-se, dando a impressão de que você está aos poucos perdendo as forças. Para o segundo chakra, alinhamento significa maturidade emocional, enquanto desalinhamento é imaturidade emocional.

Maturidade Emocional

- ouvir sem reagir; não confundir com não sentir
- ter compaixão pela incapacidade de outra pessoa no momento de usar comunicação emocional madura
- manter as expectativas emocionais mais elevadas com relação a si mesmo
- saber que excelência emocional = estar alinhado com o espírito

Imaturidade Emocional

- ser muito crítico e exigente a seu modo, ou de qualquer modo
- aborrecer-se com outros por não fazerem algo que o satisfaça emocionalmente
- esperar excelência sem oferecer a contrapartida
- sofrer internamente e gritar com os outros; ser incapaz de aceitar o aborrecimento como uma escolha

A chave para o segundo chakra hoje é reconhecer quando suas emoções o dominam *versus* quando o fortalecem.

> **Dica:** Se você consegue entrar em um estado de excelência emocional e reconhece esse estado, você pode transformar suas emoções a qualquer momento, oferecendo a si mesmo uma janela para um pensamento lúcido.

Você Escolheu o Terceiro Chakra (Porta Amarela)?

Ao entrar pela porta amarela, você pode sentir o calor do sol. Respire nessa consciência calmante de Deus e observe como a excelência emocional dos chakras anteriores forma aqui a base do pensamento sábio.

À medida que penetra no poder do terceiro chakra, a capacidade de processar rapidamente o que está acontecendo à sua frente se torna o tema do dia.

Decidir, planejar e dedicar-se à investigação pessoal relacionada à pergunta *Estou fazendo o que vim fazer aqui?* pode se tornar o subtema da inquirição do dia.

Pensamento do chakra amarelo: Dores de cabeça ou uma incapacidade de pensar com clareza podem afetar as suas circunstâncias atuais se você não estiver alinhado com o que veio realizar aqui.

No terceiro chakra, alinhamento significa ser claro e focado, enquanto desalinhamento representa confusão e insegurança. Vejamos alguns aspectos a levar em consideração e que lhe deem ideias para processar o dia que inicia.

Claro e Focado

- ter certeza emocional ao pensar sobre suas decisões
- saber que o caminho à frente está livre; deixar que outros apoiem seu plano
- planejar o que deve ser feito e divertir-se ao fazer isso
- considerar questionamentos de outros como investigação, não como inquisição

Confuso e Inseguro

- fazer planos ou tomar decisões em um estado emocional sobrecarregado
- ter medo e usar essa emoção em comunicação com outras pessoas
- entender brincadeiras de outras pessoas como zombaria contra você
- sentir-se frustrado e desistir por não conseguir resolver alguma coisa

Como você pode ver, o terceiro chakra está assentado sobre os chakras anteriores das suas emoções. Pensamento claro e planejamento decorrem do estado de excelência emocional fortalecido.

Você Escolheu o Quarto Chakra (Porta Verde)?

Com grande frequência, ouço pessoas referir-se ao chakra do coração como o chakra que precisa ser "equilibrado". Na verdade, o quarto chakra nunca é totalmente equilibrado. Lembre-se, uma gangorra sobe e desce, e existe um ritmo natural para isso. Uma gangorra em equilíbrio contradiz o objetivo do seu uso. Hoje o quarto chakra revelará sua capacidade de deixar que as circunstâncias sejam como são, sem tentar controlar nada.

A diferença é que o fluxo e refluxo do verdadeiro alinhamento do quarto chakra possibilita a relação com os chakras espirituais superiores, em contraposição à energia estagnada que impede essa relação. Assim, o alinhamento é fluxo e refluxo, enquanto o desalinhamento remete ao medo e à solidão.

Fluxo e Refluxo

- ter uma presença autêntica, o que possibilita um dar e receber energéticos de maneira amorosa
- deixar a atenção e os holofotes para outras pessoas, enquanto você envia amor às conquistas que alcançaram
- sentir que o amor passa através de você e penetra no espaço que você ocupa e ainda mais além
- revelar-se no amor como seu foco atual

Medo e Solidão

- um senso pessoal de restrição e incapacidade de participar de festividades
- confundir pena com amor e não aceitar que ser "menos do que" atrai pena
- padecer uma verdadeira frustração e aborrecimento interiores, pois você não consegue ver como obter o que deseja
- não conseguir ver o amor que lhe é oferecido

Você Escolheu o Quinto Chakra (Porta Azul)?

Quando você entra na luz azul atrás da porta azul, uma sensação da energia que você está enviando, seja verbal, silenciosa ou energeticamente, se torna o foco do seu dia.

Costumo me referir ao quinto chakra como o chakra da manifestação, pois a região da garganta representa uma janela para o que já criamos em nossa vida. Cada detalhe que você perceberá hoje está diretamente relacionado à energia ou à intenção que você enviou ao universo até esse momento.

Assim, considerando o alinhamento, ele realmente assume a responsabilidade pelo que criamos em nossa vida. Quanto ao desalinhamento, ele deriva de uma crença oculta de que outra pessoa fez com que nossa vida acabasse sendo o que é. Hoje, então, veremos as duas energias da responsabilidade em oposição aos benefícios da irresponsabilidade. Sim, benefícios. Deve haver uma compensação ou você nunca seria irresponsável!

Responsabilidade

- olhar ao seu redor e saber que você é responsável por tudo o que se manifesta em sua vida
- aceitar que o seu estado de vida é total responsabilidade sua; por exemplo, sua condição de solteiro foi criada por você e não se deve à falta de parceiros adequados
- saber que cada coisa tem uma frequência vibracional específica com a qual você deve entrar em sintonia para deixar que ela ocorra em sua vida
- saber que nada foi feito para você; antes, você mesmo criou tudo

Benefícios da Irresponsabilidade

- conviver confortavelmente com a ideia de que você poderia "fazer isso" se realmente quisesse
- responsabilizar os outros pelos resultados seus, de modo a não ter medo de críticas pessoais por suas falhas
- não precisar reconhecer que aquilo que você tem não é o que quer

- manter distante o medo de não cumprir seu objetivo e ignorar a sensação de que você veio aqui para fazer algo importante que não está fazendo

No quinto chakra, examinamos como o que se manifesta em nossa vida é um reflexo de quem somos.

Você Escolheu o Sexto Chakra (Porta Índigo)?

Ao entrar no espaço intuitivo do sexto chakra, você perceberá que a luz índigo é diferente de qualquer outra energia. No nosso sistema ocidental dos chakras, esse é o nosso sexto sentido. Esse será um dia para saber se você está vivendo conforme os seus desejos ou se está tentando fazer a vontade de outras pessoas para curá-las. Crenças e acordos ocultos que podem não ser nossos talvez venham à tona.

O dia de hoje gira em torno da questão de se você está "desligando" a sua intuição ou sendo fiel ao desconhecido intuitivo. É importante estar ciente de que o desconhecido intuitivo não é necessariamente uma escolha mais elevada ou mais baixa. O desconhecido é o espaço em que deixamos que os anjos nos guiem. Isso em si e por si só é um apelo a elevar nosso estado pessoal à consciência de Deus, o que nos possibilita ascender ao sétimo chakra. Em termos de alinhamento e desalinhamento, observamos uma energia vibracional elevada *versus* uma energia vibracional baixa.

Energia Vibracional Elevada

- reservar espaço para o sofrimento alheio sem impor-se a necessidade de resolvê-lo
- evoluir da angústia para o propósito, reconhecendo que suas aflições são as chaves para o seu objetivo
- estar presente com sua tristeza (e a dos outros) e senti-la sem se deixar dominar por ela
- respeitar outras pessoas sem julgá-las, mas apoiá-las aceitando suas experiências de vida

Energia Vibracional Baixa

- citar clichês para corrigir outras pessoas e furtar-se a um verdadeiro investimento no relacionamento
- criar um eu falso, um eu que investiu mais em ter uma boa aparência do que em ser real – e os dois se confundem com muita facilidade
- pensar que você tem a solução para os outros, quando ainda precisa resolver os mesmos problemas deles em sua própria vida
- tentar ensinar o que você não sabe, desprovido da empatia necessária para abrir um espaço para a verdadeira evolução

Ao examinar o seu dia, tome consciência de onde esteve e onde estará amanhã.

Dica: Se o sexto chakra o chamou, considere tomar uma ideia por dia e concentrar-se nela durante oito dias. Muitos de nossos problemas pessoais se manifestarão com veemência no sexto chakra.

Você Escolheu o Sétimo Chakra (Porta Violeta)?

Se você escolheu a sétima porta, ao abri-la verá uma vasta extensão do céu noturno. Imagine que, no céu, uma porta se abre. A luz se derrama através das estrelas e entra em você. Sabedoria, lutas universais e vitórias – coisas que nos afetam interna e externamente – serão a essência do seu dia.

Uma das coisas mais interessantes a respeito do sétimo chakra, além do fato de ser o único em nosso sistema ocidental que não está localizado em nosso corpo, é a ideia de que ou bem estamos alinhados com o universo ao doar-nos a nós mesmos e nossas almas criativas, ou então estamos desalinhados e tentando tomar o que não é nosso, em vez de ocupar uma realidade comum. Por isso, a energia vibracional superior do sétimo chakra penetra em nossa consciência pessoal de Deus, em oposição a uma vida vivida em nosso eu sombra e com o temor de que compartilhar significa invisibilidade pessoal.

Energia da Consciência de Deus

- saber que nada é seu para guardar; o que vem a você não é posse, mas partilha

- aceitar que, por fim, você ascende à sua consciência mais elevada, que está além da posse de qualquer coisa
- testemunhar como pessoas criativas de verdade deixam que a energia entre sem criticar a beleza do seu presente pessoal – sabendo que não são o presente, mas apenas suas guardiães
- respeitar a fragilidade de outras pessoas, sabendo que todos temos fraquezas e podemos desistir, mas há quem não desista

O Lado Sombra

- teme a vida e considera relações universais inseguras
- impede a visibilidade resistindo ao lado sombra que o mantém parecendo tranquilo, mas não vive essa realidade interiormente
- concentra tudo na conquista de um resultado específico – essa tentativa de controlar seu mundo reduz a possibilidade de algo maior do que ele possa imaginar
- evita dividir nosso lado sombrio com outros, sem perceber que isso impede o alcance das verdadeiras criatividade, relação e unidade

Assim, o sétimo chakra nos convida a observar os papéis que desempenhamos hoje ao participar do mundo. Também nos convida a nos perguntar: Como contribuímos ou nos recusamos a contribuir?

Ritual noturno para cura dos chakras

Ao encerrar o dia, dissipe todas as impressões que tenham chegado até você. Esqueça onde esteve, onde quer estar e onde acredita que deveria estar.

Voltemos às sete portas. Neste momento você se encontra onde estava de manhã cedo. Agora faremos o percurso inverso a partir do sétimo chakra.

Imagine seu chakra da coroa enviando luz para a porta do sétimo chakra, a qual se fecha lentamente para a noite.

Respire.

Em seguida voltamos ao sexto chakra e deixamos que o nosso terceiro olho entre em contato com a luz dessa porta enquanto ela vai se fechando aos poucos.

Novamente respirando, enviamos a energia do quinto chakra, exalando pela porta do quinto chakra; todos os problemas, contatos e comunicações do dia são oferecidos ao universo, liberando-nos desse dia.

Voltamo-nos para a porta verde, agora entreaberta, e mais uma vez enviamos gratidão, agradecimentos pelo dia e amor a toda pessoa no mundo que precise de bênçãos, enquanto a porta se fecha calmamente.

A porta amarela se abre, e as necessidades de sobrevivência do nosso terceiro chakra são liberadas para o sol que emana da porta. Entendemos que o nosso pensamento é como deve ser enquanto a porta se fecha suavemente e reenvia nossos pensamentos e planos ao universo para que sejam purificados.

O segundo chakra se abre para possibilitar que toda emoção do dia ainda presente em nosso corpo seja liberada para os céus. Podemos agora enviar toda emoção para além de uma vibração calma por essa porta do segundo chakra.

Quando essa porta se fecha, a última, a do chakra vermelho, se abre. Damos graças por todas as crenças que deixamos de carregar, por toda a sabedoria dos nossos ancestrais e pelo crescimento que podemos agora sentir por meio do centramento dos nossos chakras.

O primeiro chakra leva consigo, através de sua porta, tudo o que está na sala, no nosso espaço – tudo o que não seja paz, tudo o que não seja amor.

A última porta se fecha quando o selo de vácuo do mundo também se fecha, por ora, para nos propiciar um descanso reparador durante a noite.

E assim seja.

Consideração final

Lembre-se de que TODOS nós que ensinamos ou estudamos os chakras fazemos isso por meio das lentes da nossa experiência pessoal. Você iniciou uma jornada e eu o incentivo a continuar crescendo e mudando. Envio-lhe bênçãos no percurso a trilhar, sendo meu desejo mais profundo que o seu caminho seja iluminado pelo amor.

– Tori

Recursos disponíveis

Como você pode ver, este livro procurou conduzi-lo mais à experiência com os seus chakras do que ao aprendizado de uma filosofia que já não se aplica mais ao modo como vivemos atualmente. Estamos mais interessados na aplicação do que em terminologias abstratas.

Livros

Há muitos livros sobre os chakras. Esta é uma lista bem reduzida e de maneira alguma abrangente:

Rainbow Body: A History of the Western Chakra System from Blavatsky to Brennan, de Kurt Leland, Ibis Press. ADOREI esse livro. *Rainbow Body* talvez seja um dos livros mais pesquisados que encontrei. Dito isto, NÃO é uma leitura leve. Entretanto, é excelente e preencherá lacunas históricas. Se você está à procura de um guia abrangente de história, COMECE AQUI.

The Serpent Power: The Secrets of Tantric and Shaktic Yoga, de Arthur Avalon, Dover Publications. Esse livro foi uma leitura muito avançada. Como extensas partes desse livro foram traduzidas do sânscrito, acredita-se que muito material tenha se perdido na tradução. Arthur Avalon (pseudônimo de Sir John Woodroffe [1865-1936], um respeitado especialista britânico em Kundalini), refere-se ao sistema de seis chakras (no Ocidente, acrescentamos o terceiro olho, de cor índigo). Esse é um livro difícil de ler, mas é considerado um dos manuais mais puros que conhecemos com relação à prática meditativa da Kundalini e sua relação com o desenvolvimento do sistema de chakras.

The Chakras, de C. W. Leadbeater, Quest Books. O autor foi um clarividente, como o foram muitos daqueles que desenvolveram o nosso entendimento dos chakras. O livro foi publicado em 1927. Um texto muito conhecido frequentemente citado na trajetória da compreensão dos chakras no Ocidente. [*Os Chakras*, publicado pela Editora Pensamento, São Paulo, 1960.]

Bodymind, de Ken Dychtwald, Tarcher Putnam. Ken Dychtwald fez parte do movimento do potencial humano que integrava a mente-corpo com os chakras. Embora mente-corpo recebesse o acréscimo da palavra espírito, isso só veio a acontecer bem mais tarde. Durante a maior parte das décadas de 1970 e 1980, Dychtwald foi um dos líderes desse movimento. Esse livro relaciona as cores do arco-íris com os chakras, confirmando ainda mais a primeira adaptação modernizada dos chakras relacionada com o arco-íris. COMECE AQUI para aprofundar as relações corpo-mente e descobrir algumas raízes da era do potencial humano.

The Seven Keys to Color Healing: A Complete Outline of the Practice, Roland T. Hunt, Harper Collins. Nesse livro, o autor Roland T. Hunt relaciona o uso da cor com a cura de enfermidades. Trata-se de um livro prolixo e por vezes difícil de percorrer, mas, como o autor participava do movimento do potencial humano, essa introdução ao poder da cor consolidou ainda mais a relação das escolhas de cores ocidentais (cores do arco-íris) com os chakras. [*As Sete Chaves da Cura Pela Cor*, publicado pela Editora Pensamento, São Paulo, 1984. (fora de catálogo)].

Entre os muitos livros sobre os chakras, considero os dois citados a seguir realmente excelentes. Além disso, oferecem um entendimento genuíno que aprofundará o que você aprendeu neste livro:

The Chakra Bible: The Definitive Guide to Working with Chakras, de Patricia Mercier, Editora Sterling. Apreciei muito o livro de Patricia Mercier. Ela apresenta muitas ideias, e seu trabalho é autêntico. Você se beneficiará muito com esse livro em sua estante. [*A Bíblia dos Chakras – O Guia Definitivo de Trabalho com os Chakras*, publicado pela Editora Pensamento, São Paulo, 2011.]

Chakras Made Easy: Seven Keys to Awakening and Healing the Energy Body, de Anodea Judith, Hay House UK. Concorde ou não, Judith Anodea é a mentora incontestável de grande parte do nosso trabalho ocidentalizado com os chakras. Ela efetivamente contribuiu para a evolução dos chakras, e cada livro dela contém ensinamentos substanciais a assimilar e considerar.

Vídeo

Embora Gaia tenha uma ótima seleção de vídeos sobre os chakras, a maioria deles se refere ao yoga. Siga sua intuição ao examinar esta seleção e escolha o que mais chama a sua atenção. Escolhi apenas um, pois conheço bem o trabalho de Christopher Hareesh Wallis:

Tantrik Micro Meditation Practices, de Christopher Hareesh Wallis. Wallis é um dos mais brilhantes professores de chakras que posso recomendar. Gaia tem essa excelente série de vídeos com ele, e eu a recomendo ENFATICAMENTE. Aprofunde-se nos chakras, E ele lhe apresentará os doze chakras – ele próprio conhece e compreende os chakras e os vem estudando há décadas.

Música

https://www.soundstrue.com Outro ótimo recurso, nele encontrando-se músicas, cantos e ensinamentos relacionados aos chakras.

Chakra Suite: Music for Meditation, Healing and Inner Peace, de Steven Halpern.

Agradecimentos

Não há nada mais gratificante do que agradecer às pessoas que admiramos profundamente, de modo especial quando elas nos vêm incentivando desde longa data.

Joel Fotinos. Eu conheço você há mais de 25 anos; sim, é verdade, e, quando você perguntou se eu participaria do seu primeiro projeto com o St. Martin's Essentials, foi uma honra para mim. Obrigada, Joel, de coração. Que divertido!

Monte Farber e Amy Zerner, vocês são meus amigos, modelos e apoio há mais de trinta anos. Vocês dois me inspiram, talvez mais do que eu já lhes tenha dito. Esta é a hora de fazê-lo.

Meu agente, Christopher Wold, cuja fé inabalável em mim me manteve seguindo em frente, quaisquer que fossem as circunstâncias. Você é muito mais que um AGENTE. Você é um conselheiro, um guia, um negociador perspicaz e alguém que admiro.

Minha irmã criativa, SARK, que admiro há muitos anos, e então, um dia, ela veio a mim para dizer que admirava o MEU trabalho, dignificando a minha jornada intuitiva quando eu mais precisava. Obrigada.

Amanda Turner. Nossa! Você me disse para continuar e me apoiou neste projeto! Você leu o texto, garantiu-me que havia algo aqui, e eu adorei assumir a disciplina de escritora profissional com a sua orientação. Eu aprecio e admiro o seu talento.

E Sara Murphy, que me auxiliou como pesquisadora dos chakras e pôs à minha disposição anotações valiosas que deram direção a este livro. Muito obrigada.